THE 21 SUCCESS SECRETS OF SELF-MADE MILLIONAIRES
Copyright ⓒ 2010 by Brian Tracy
All rights reserved

Korean translation copyrights ⓒ 2010 by I-FRIEND
Korean translation rights arranged with Berrett-Koehler
Publishers through EYA(Eric Yang Agency)

이 책의 한국어판 저작권은 EYA(Eric Yang Agency)를 통해
Berrett-Koehler Publishers 와 독점계약한 아이프렌드에 있습니다.
저작권법에 의하여 한국 내에서 보호를 받는 저작물이므로
무단전재와 복제를 금합니다.

혼자 힘으로
부자가 된 사람들의
21가지 성공비밀

혼자 힘으로 부자가 된 사람들의
21가지 성공비밀

초판 1쇄 2010년 10월 15일
초판 9쇄 2022년 01월 20일

지은이 브라이언 트레이시
펴낸이 이태규
북디자인 강민정 • **영업마케팅** 유수진 • **전자책** 김진도

발행처 아이프렌드
주소 대전광역시 서구 괴정로 107 연흥빌딩 201호(괴정동 53-10번지)
전화 042-485-7844 **팩스** 042-367-7844
주문전화 070-7844-4735~7
홈페이지 www.ifriendbook.co.kr
출판등록번호 제 305 호

ⓒ브라이언 트레이시 (저작권자와 맺은 특약에 따라 검인을 생략합니다.)
ISBN 978-89-6204-145-3 (13300)

이 책은 저작권법에 따라 보호받는 저작물이므로 무단 전재와 무단 복제를 금지하며,
이 책 내용의 전부 또는 일부를 이용하려면 반드시 저작권자와 아이프렌드의
서면동의를 받아야 합니다.

• 값은 뒤표지에 있습니다.
• 잘못된 책은 구입처에서 바꾸어 드립니다.

혼자 힘으로 부자가 된 사람들의 21가지 성공비밀

| 브라이언 트레이시 지음 · 이진구 옮김 |

나의 아름다운 아들이며,
나의 훌륭한 사업가이며,
장차 부자로 자수성가 할
데이비드에게

"이 책에서 부자의 의미는 천만 달러 즉, 100억 이상의 자산을 보유한 사람을 뜻한다."

| 서 문 |

뿌린 만큼 거두리로다

 이 책에서는 당신의 인생을 바꾸어 놓을 내용들을 다룰 것이다. 여기에서 다룰 아이디어와 통찰, 전략들은 부자이든 가난한 사람이든 이미 수백만 명의 사람들에게 경제적인 성공의 발판을 만들어 주었다. 이 원리들은 단순하고도 효과적이며 적용하기도 아주 쉽다. 그 효과는 오랜 세월을 통해 여러 번 시험을 받았고, 이미 검증을 거쳤기 때문이다. 따라서 누구든지 일단 이러한 원리들을 받아들여 자신의 삶에 적용하기만 한다면 상상한 것 그 이상의 효과를 경험할 수 있을 것이다.

 우리는 인류 역사상 가장 위대한 시대에 살고 있다. 오늘날에는 그 어느 시대보다도 맨손으로 시작하여 성공한 부자들이 많아지고 있다. 천만장자라고 할 수 있는 사람 대부분이 처음에는 아무것도 없는 상태에서 시작했다는 것이다. 또한 그 숫자는 해마다 15에서 20퍼센트씩 증가하고 있으며, 심지어 오늘날에는 천만장자 그 이상인 억만장자의 자산가도 적지 않다. 일찍이 이렇게 빠른 속도로 부가 창출된 시대는 역사상 없었다.

　얼마나 놀라운 일인가! 오늘날 성공한 사람들의 90퍼센트 이상은 대부분 무자본으로 시작했다. 그리고 성공한 부자들은 평균 3회 이상의 파산 또는 파산에 버금가는 상황을 경험했다고 한다. 이 시대 최고의 부자들도 성공에 이르기까지는 수많은 실패를 거듭했다는 이야기다. 그리고 수백만에 이르는 많은 사람들이 지금도 그러한 과정 속에 있다는 것이다. 당신이라고 해서 그렇게 하지 못할 이유가 어디 있겠는가?

　이 세상에 불변의 법칙이 있다면, 그것은 바로 인과의 법칙일 것이다. 뿌린 만큼은 반드시 거두게 되는 것이 세상의 이치다. 아주 단순하지만 누구도 피해갈 수 없는 법칙이다. 모든 결과에는 각각 그럴만한 이유가 있기 마련이다. 어떤 행동을 하면 반드시 그에 따른 대가가 따라온다. 성공도 예외는 아니다. 성공은 결코 우연히 찾아오는 것이 아니기 때문이다. 경제적인 성공이란 것은 결국, 경제적으로 당신이 바라는 것만큼의 자유를 얻을 수 있을 때까지 어떤 특별한 행위를 거듭 반복해야만 찾아온다. 정말이지 세상은 공정하다. 자연의 세계나 시장, 사회는 당신이 어떤 사람이고 무슨 일을 하는지 따지지 않는다. 따라서 인과의 법칙은 당신이 성공한 사람들이 했던 일을 따라 한다면, 당신도 언젠가는 그들이 얻었던 것들을 반드시 얻을 수 있다는 것을 말해 준다. 노력하지 않으면 성공도 없다. 반대로 부자들의 성공 비결을 배우고 그것을 당신의 삶에 적용시킨다면, 지금까지의 모든 것을 훨씬 능가하는 결과와 보상을 얻을 수 있을 것이다. 당신은 다음의 중요한 사실만을 기억하고 있으면 된다.

그것은 '남들이 당신보다 낫거나 똑똑하지 않다.'라는 것이다. 다시 한 번 되새겨보자. 남들은 당신보다 낫거나 똑똑하지 않다. 반드시 명심하라. 많은 사람들이 해 놓은 일이 없고 생활이 궁핍하다고 해서 자신을 헐값에 팔아넘기는 이유는 자기보다 나은 일을 하고 있는 사람은 모두가 자기보다 낫다고 생각하는 잘못된 고정관념 때문이다. 하지만 사실은 그렇지 않다. 혼자 힘으로 성공한 부자들도 따지고 보면 특별할 게 없는 평범한 교육을 받고, 그저 그런 일을 하며, 흔하게 생긴 집에서 보통의 이웃들과 함께 살고 어디에서나 볼 수 있는 그런 차를 타고 다닌다. 그렇지만 그들은 경제적으로 성공한 부자들이 무엇을 하고, 자신이 그러했던 것처럼 부자가 될 때까지 똑같은 무엇인가를 쉬지 않고 해 왔다는 것을 잘 알고 있다. 기적이라고 할 것도 우연이라고 할 것도 없다. 부자들이 살아온 것처럼 행동하고 노력하고 생각한다면, 머지않아 그들이 얻었던 것만큼의 재산과 이득을 당신의 몫으로 가질 수 있게 될 것이다. 혼자 힘으로 성공한 부자들에게는 21가지 성공비밀이 있다. 그러한 비밀 하나하나는 당신이 경제적으로 자유로워지는데 더없이 소중한 역할을 할 것이다. 당신은 이런 원칙들을 결코 간과해서는 안 된다. 만약 당신이 그중에 단 한 가지라도 소홀히 한다면, 그 결과는 건강을 얻을 수 있고 행복해질 수 있는 그리고 막대한 재산을 축적할 수 있는 기회를 놓치게 되거나, 심지어는 잃게 될 수도 있다.

　당신은 이들 원칙 하나하나를 모두 배워야 한다. 이 원칙들이 들숨과 날숨처럼 자연스러워질 때까지 계속 실천하고 반복하라. 자전거나 자동차 운전을 처음 배울 때처럼, 혼자 힘으로 성공한 부자들의 성공비밀을 배워 당신의 삶에 적용하라. 여기에는 당신의 생각이 만들어 낸 제약 외에는 어떠한 한계도 있을 수 없다. 자! 시작해 보라.

| 프롤로그 |

하늘 아래에 새로운 것은 없다.

이 책은 혼자 힘으로 부자가 된다고 하는 주제에 관해 필자가 15년 동안 직접 느끼고, 경험하고 배우고 가르쳤던 내용을 모아 책으로 엮은 것이다. 독자들은 페이지 한 장 한 장을 넘길 때마다 내가 수백 권의 책과 수천 개의 기사를 읽으며 찾아낸 성공 비밀에 관한 그리고 부자가 되는 법에 관한 핵심적인 아이디어와 전략을 만날 수 있을 것이다.

앞으로 내가 제안하게 될 아이디어와 전략은 단순하다. 그것들은 이미 실험과 검증을 거쳤고, 또 아주 쉽다. 따라서 누구나 쉽게 배울 수 있으며 곧바로 실생활에 적용할 수 있다.

나는 캘리포니아에 있는 포모나의 집에서 소년 시절을 보냈다. 우리 집은 그다지 돈이 많지 않았고, 서른 살이 될 때까지 나는 부자가 되겠다는 꿈과 환상만을 갖고 살았다. 물론 다른 많은 사람들도 그런 꿈을 가졌겠지만 말이다. 그러나 정작 내가 서른 살이 되었을 때 나는 여전히 스무 살 때와 마찬가지로 빈털터리

였다. 내 인생을 변화시킬 수 있는 획기적인 무언가가 나에겐 필요했다. 나는 스스로에게 이런 질문을 던졌다. 몇몇 사람들은 보통 사람들보다 크게 성공한다. 과연 그 비결이 무엇일까? 어떤 사람은 그야말로 주머니에 동전 한 푼 없이 시작하는데, 과연 어떻게 해서 부자가 될 수 있었을까? 나는 이런 의문들에 대해 고민하기 시작했고, 그 모든 해답을 바로 이 책에 적어 놓았다.

나는 자수성가하여 부자가 된 사람들을 중심으로 이야기를 이끌어 가려고 한다. 이런 사람들이야말로 우리가 눈여겨보고 또 평가할 만한 특별한 자질과 행동을 증명한 사람들이기 때문이다. 그들은 맨손으로 시작했다. 하지만 어떤 특별한 방법으로 뭔가를 거듭하여, 마침내 마술처럼 부자라는 타이틀을 얻을 수 있었다. 내가 그들에게서 배운 것은 인생에서 크게 성공하려면 반드시 자신을 특별한 종류의 사람으로 변화시켜야 한다는 것이다. 대다수의 보통 사람들보다 높은 곳까지 오르기 위해서는 다른 사람들에게는 없는 특별한 자질을 개발하고, 반드시 자신이

됐다고 생각한 그 이상으로 스스로를 단련시켜야 한다. 경제적으로 특별한 성공을 거두기 위한 가장 중요한 요소는 절대 돈이 아니다. 오히려 돈을 벌어 정말로 부자가 되었을 때, 어떤 사람이 되어 있을 것인가 하는 부분이 당신의 성공을 뒷받침할 것이다.

다음의 '21가지 성공비밀'은 인생의 각 분야에서 당신을 남다른 성공으로 이끌 수 있는 핵심적인 열쇠가 된다. 만약 돈만 벌기를 원하는 사람이 이 책을 읽고 있다면, 지금 당장 손에서 책을 내려놓아야 할 것이다. 내가 말하는 원리들은 아주 강력한 효과를 갖고 있기 때문에 거의 모든 분야에 적용할 수 있다. 또 비밀 가운데 상당 부분은 독자들에게 이미 친숙한 것들이며 이미 수백 년 동안 검증되어 왔다. 단지, 시간과 장소에 따라 변형된 원리들일 뿐이다. 나는 아무도 모르는 새로운 원리를 발견하거나 창조하는 사람이 아니다. 고작해야 성공학 분야의 학생이며 독자에 불과하고, 다른 사람들에게 이런 위대한 원리들을 전파하는 한 사람의 선생일 뿐이다. 그런 점에서 성경의 이 한 구절은 내 신념이 되어 버렸다.

"하늘 아래에 새로운 것은 없다."

적어도 이 책을 읽고 있는 독자들이라면 자기 안에 숨겨진 진정한 잠재력을 깨달아 인생에 있어서 정말 특별한 사람이 되는 것을 목표로 삼고 있는 사람들일 것이라고 생각한다. 당신이 정말 그런 사람이라면, 이 책에서 다룰 하나하나의 성공 비밀은 언젠가는 당신이 반드시 이루고야 말 멋진 인생을 앞당길 수 있도록 도와줄 것이다. 당신의 여정에 즐거움이 함께 하기를 바란다.

저자 **브라이언 트레이시**

| 목 차 |

서문　　　뿌린 만큼 거두리로다 … 7
프롤로그　하늘 아래에 새로운 것은 없다. … 12

Secret. 01　큰 꿈이 영혼을 감동시킨다 … 18
Secret. 02　정확한 목표를 세워라 … 30
Secret. 03　나를 고용한 사람은 바로 나 자신이다 … 42
Secret. 04　좋아하는 일을 하라 … 50
Secret. 05　자신이 하고 있는 일에 최고가 되어라 … 58

Secret. 06　더 많이 더 열심히 일하라 … 66
Secret. 07　평생 동안 애써 배워라 … 74
Secret. 08　먼저 저축하라 … 84
Secret. 09　사소한 것이라도 철저히 배워라 … 92
Secret. 10　당신의 서비스에 작은 차이를 만들어라 … 100

Secret. 11　절대적으로 솔직하라 … 110
Secret. 12　최우선 과제에 먼저 매달려라 … 118
Secret. 13　더 빠르고 더 확실하게 … 128
Secret. 14　위기는 약점을 보완하는 기회다 … 136
Secret. 15　중요한 것은 과정이 아니라 결과다 … 144

Secret. 16　자신의 끼를 개발하라 … 154
Secret. 17　매처럼 날려면 닭과 다투지 마라 … 164
Secret. 18　몸무게가 줄면 인생이 풍성하다 … 174
Secret. 19　두드리지 않으면 문은 열리지 않는다 … 184
Secret. 20　실패는 선택이 아니다 … 192
Secret. 21　어떤 것도 끈기를 대신하지 못한다 … 202

결론　성공은 예측할 수 있다 … 210
저자에 대하여　혼자 힘으로 부자가 된 브라이언 트레이시 … 212

SECRET

큰 꿈이 영혼을 감동시킨다

SECRET 01

큰 꿈이 영혼을 감동시킨다

꿈을 크게 가져라.
오직 큰 꿈만이 영혼을 감동시킬 수 있다.

– 마르쿠스 아우렐리우스 –

🗝 **큰 꿈은 부자로 자수성가하는 첫 출발점이다.**

혼자 힘으로 부자가 된 사람들의 첫 번째 비결은 아주 단순하다. 바로 큰 꿈을 갖는 것이다. 마음속에 자신이 어떻게 살고 싶은지 상상해 보고, 얼마나 벌고 싶은지, 은행계좌에 얼마나 넣어두고 싶은지를 그려 보아라. 당신이 원하는 삶 그 자체를 떠올려 보는 것이다.

남자든 여자든 위대해지려면 현재의 자신과 다른 훌륭한 무엇인가를 꿈꾸는 것으로부터 출발해야 한다. 노래 가사에도 이런 말이 있지 않은가.

"꿈을 이루려면 꿈을 가져야 한다네."

이 말은 당신은 물론, 모든 사람들에게 적용된다.

당신이 앞으로 세상을 살아가면서 되지 못할 것이 없고, 하지 못할 일이 없으며 갖지 못할 것이 없다고 생각하라. 잠시 짬이 날 때마다 당신이 넉넉한 시간을 누리며 많은 돈을 벌었고, 하고 싶은 만큼 공부를 했고, 할 수 있는 것은 모두 경험해 봤고, 누구나 친구가 되었고, 성공하지 못한 계약이 없다고 상상해 보라. 인생에서 바라는 어떤 것을 얻는 데 필요한 자원과 기타 다른 것을 모두 갖추었다고 상상해 보라. 당신이 그야말로 무한한 힘을 모두 얻었다면, 당신은 자신과 가족을 위해 어떠한 인생을 살고 싶은가?

'미래로부터 돌아오는 사고법'을 실천해 보라. 능력 있는 이들이 널리 이용하고 있는 강력한 테크닉 가운데 하나가 바로 이것이다. 이런 사고방식은 당신의 정신은 물론 육체에도 놀라운 변화를 가져올 것이다.

'미래로부터 돌아오는 사고법'이란, 5년쯤 뒤의 미래를 상상하여 현재 자신의 자신감과 행복의 수준을 높이는 것이다. 지금으로부터 5년 후, 당신의 삶은 어떤 면으로 보나 더 이상 완벽할 수 없다. 미래가 어떻게 보이는가? 당신은 무슨 일을 하고 있는가? 직장은 어디인가? 수입은 얼마나 되는가? 예금 잔고는 얼마나 되는가? 어떤 라이프스타일을 갖고 있는가?

스스로 장기적인 미래에 대한 전망을 세워라. 건강과 행복, 재산 등의 전망은 확실하면 확실할수록 좋다. 그럴수록 당신은 그런 전망을 향해 더 빨리 다가갈 수 있을 것이며, 그 전망 또한 당신에게 더 빨리 다가올 수 있을 것이다.

어떤 삶을 향해 나아갈 것인지가 마음속에 뚜렷한 그림으로 그려지면 동기 유발이 훨씬 잘되고, 그것을 실현하기 위한 결심도 더욱 단호해진다. 그렇게 되면 스스로의 창조성을 자극하고, 전망을 실현하는 데 도움이 되는 아이디어가 봇물처럼 쏟아져 나오게 된다.

사람은 늘 자신의 꿈과 이미지, 전망을 좇아 움직이기 마련이다. 따라서 스스로 큰 꿈을 갖고 있다는 사실만으로도 자신에 대한 존경심을 불러일으킬 수 있다. 자신을 더 많이 좋아하고 존경하는 계기가 되는 것이다. 자아를 소중하게 생각하는 마음을 한층 더 높임으로써 자신감의 수준을 향상시켜라. 당신의 개인적인 자존과 행복의 수준이 더없이 업그레이드됨을 느낄 수 있을 것이다.

과거에는 하지 못했던 일을 할 수 있게 만들고, 전보다 많은 능력을 갖출 수 있도록 당신을 자극하고 흥분시키는 꿈과 전망 속에는 분명히 특별한 뭔가가 있다.

나는 이쯤에서 당신이 끊임없이 스스로 묻고 스스로 대답해야 하는 중요한 문제 한 가지를 제기하고 싶다. 딱 한 가지 소원에 대해 100퍼센트 성공이 보장된다고 했을 때, 내가 진정으로 이루고 싶은 꿈은 무엇일까?

크든 작든, 지금 당장 또는 먼 미래에라도 당신의 인생에서 딱 한 가지 목표에 대해 100퍼센트 성공이 보장되었다고 하자. 그런 황금의 기회가 주어진다면 무엇을, 어떤 꿈을 이야기 하겠는가? 반드시 이루고 싶은 최고의 소망은 무엇인가?

* * *

무엇이 되었든 좋다. 소원을 적어 놓고, 그 최고의 목표를 이미 달성했다고 상상해 보라.

그리고 나서 당신이 지금 어디에 서 있는지 돌이켜 보라. 가려고 하는 목적지에 도달하기 위해, 당신은 지금까지 무엇을 했는가? 어떤 수단을 강구하려고 하는가? 당신의 삶을 어떻게 바꾸려고 하는가? 어디서부터 시작하고, 또 버릴 것은 무엇인가? 어떤 사람들과 사귈 것인가? 또 관계를 끊어야 할 사람은 누구인가? 당신의 삶이 모든 면에서 완벽하다면, 그것은 어떤 모습인가?

어떻게 달라지려고 하든 상관없다. 오늘 당장에 첫걸음을 시작하라.

경제적인 해방을 위해서도 역시 첫걸음은 큰 꿈을 갖는 것이다. 흔히 경제적인 성공이 좌절되는 첫 번째 이유는, 할 수 있다고 생각만 했을 때에는 결코 성공이 찾아오지 않는다는 것이다. 그러다 보면 아예 해볼 엄두도 내지 못하게 된다. 결국 시작조차 하지 않게 되는 것이다. 그러고는 다람쥐가 쳇바퀴를 돌리듯이 생활하며 버는 대로 모조리 써 버린다. 때로는 그 이상을 쓰기도 한다. 하지만 당신이 경제적으로 큰 꿈을 갖게 되면, 자신과 자신의 인생을 바라보는 시각이 달라지기 시작한다. 조금씩 전과 다르게 행동하고, 인생 자체가 좋은 방향으로 바뀌게 될 것이다. 꿈을 크게 갖는 것은 경제적인 성공, 즉 부자로 자수성가하는 시발점이다.

세상에는 부자라고 할 만한 사람들이 몇 명이나 될까? 그 사람들은 과연 얼마나 많은 재산을 가졌을까?

메릴린치와 제미니 컨설팅은 2000년에 한 가지 재미있는 조사를 실시했다. 그 결과에 따르면, 3천만 달러 이상의 재산을 소유한 대부호가 미국에만 5만 5천명이 있다는 것이었다. 그 가운데 10억 달러 이상의 재산을 가진 사람도 514명이나 되었다.

AFP 통신사의 보고에 따르면, 같은 기간 동안 100만 달러 이상의 재산을 소유한 사람, 소위 백만장자들의 수는 7백만 명에 이르며, 이 사람들이 가진 총 재산을 합하면 25조 5천억 달러에 달한다. 2년 전인 1998년과 비교했을 때, 이들 백만장자들의 증가

율은 더욱 흥미롭다. 겨우 2년 사이에 백만 명에 달하는 사람들이 새로 백만장자 클럽에 가입한 것이다.

어떤 사람들은 그들의 재산 축적이 단지 경제의 거품 현상에서 실물 경제보다 훨씬 과장되게 주가가 폭등했기 때문이라고 말한다. 또한 닷컴 기업의 상장과 스톡옵션의 분배 덕이었다고도 말한다.

그런 주장을 하는 사람들의 마음속에는 이들 새 부자들의 재산이 단지 행운이 따랐기 때문이라는 질투심이 깔려 있다. 하지만 이는 강한 신념과 노력만이 진정한 운세를 만들 수 있다는 것을 모르고 하는 소리다. 일단은 부자들이 벌어들인 천문학적인 돈이 순전히 주식시장의 과열과 기업 공개와 같은 행운 덕분이라고 해 두자.

그렇다면 그런 사람들에게, 그리고 당신 스스로에게 이런 질문을 해 보라. 왜 행운은 나를 피해 유독 그 부자들에게만 찾아갔을까? 나는 왜 새로운 부자 클럽에 가입한 백만 명 가운데 한 사람이 되지 못했을까? 그들이 나보다 우월한 유전인자를 갖고 있었기 때문일까? 그야말로 종교적 은혜가 나만 비껴간 건 아닐까? 아니면 애초에 워낙 상속받은 유산이 없었기 때문일까?

2000년 3월 19일자《선데이 텔레그래프》는 영국의 엘리자베스 여왕이 10만 파운드를 투자하여 인터넷 백만장자의 대열에 합류

했다고 보도했다.
　그러나 오늘날의 부자들 중에 엘리자베스 여왕처럼 물려받은 재산으로 성공한 사람은 그리 많지 않다. 대부분 빈손으로 시작하여 오늘에 이르렀던 것이다.

　실리콘밸리의 첫 주민인 휴렛과 패커드가 차고를 빌려 사업을 시작했을 때 그들의 계좌에는 538달러밖에 없었다. 인텔의 창립자들도 마찬가지였다. 인텔은 CPU분야에서 변함없이 1위를 고수해 오고 있지만, 무어와 노이스가 쇼클리 연구소를 떠나 페어차일드를 설립하면서 출자한 돈은 500달러씩밖에 되지 않았다. 그들은 노벨상 수상자인 쇼클리보다 더 많이 배우지도 못했다.
　스티브 잡스는 대학도 졸업하지 못했지만, 최초의 개인용 컴퓨터 애플을 만들고 아이폰도 만들었다. 또한 세계 제일의 부자 빌 게이츠는 탁월한 프로그래머였지만, 개인용 컴퓨터에 쓰이는 최초의 운영체제를 만들었던 게리 킬달보다 낫다고 할 수는 없었다.
　기회는 누구에게나 찾아올 수 있지만, 누구나 잡을 수 있는 것은 아니다. 기회를 알아보고 잡을 준비가 되어 있는 사람만이, 늘 자신의 꿈과 목표를 생각하고 그 방법을 찾는 사람만이, 그런 기회를 재빨리 자신의 것으로 만들 수 있다.
　한 가지 예를 들어 보자. 당신이 누군가에게 투자를 했다면, 당신은 왜 많은 사람들 중에 하필 그를 선택했을까? 대답은 간단하다. 그 사람의 계획이 당신의 재산을 몇 배로 불려 줄 수 있다는 확신이 있었기 때문이다. 그들의 꿈과 계획이 당신을 설득했을 것이다. 그리고 당신은 그들의 꿈을 실현하는 데 부족한 1퍼센트를 채워 줌으로써, 많은 이익을 얻을 수 있다고 생각했을 것이다.

꿈은 당신을 몰입시키고 다른 사람을 감동시킨다. 어떤 독자들은 자신은 위에서 말한 사람들처럼 컴퓨터나 신기술에 대해, 소위 커다란 돈벌이가 되는 벤처에 대해 아는 게 전혀 없다고 비관할지도 모른다. 하지만 전혀 걱정할 필요가 없다.

한 조사에 따르면, 미국의 부자들 가운데 20퍼센트는 은퇴한 사람들이었고, 나머지 80퍼센트 중 2/3는 자영업자였다. 그 중에 가장 많은 업종을 차지한 것이 광업, 내과, 안마 치료, 치과, 안경점, 볼링장 순이었다.

따라서 당신의 금전적인 성공 여부는 어떤 직업을 선택했느냐보다는 얼마만큼 확고한 목표 아래, 어떤 원칙을 갖고 직업을 선택했으며 어떻게 계획을 추진했고, 얼마나 성실하고 검소하게 살았으며, 얼마나 건실한 투자였느냐에 의해 결정된다고 할 수 있다.

해마다 백만 명씩 늘어나는 부자들 중에 당신보다 특별히 나은 사람은 없다. 다만 그들은 꿈을 갖고, 그것을 위해 하나하나 실천해 나간 사람들일 뿐이다.

당신이라고 해서 그들의 대열에 합류하지 못할 이유가 어디 있겠는가? 당장 시작해보자. 그 시작은 큰 꿈을 갖는 것이다.

자기 단련을 위한 훈련지침

절대적인 성공이 보장된다고 했을 때 당신이 하려고 하는 일을 조목조목 적어 목록을 만들어라. 그러고 나서 한 가지 행동을 정해, 오늘부터 당장 실천에 옮겨라.

SECRET

정확한 목표를 세워라

SECRET 02

정확한 목표를 세워라

목표가 확실한 사람은 아무리 거친 길에서도 앞으로 나갈 수 있다.
목표가 없는 사람은 아무리 좋은 길이라도 앞으로 나갈 수 없다.

― 토마스 칼라일 ―

🗝 목표를 정하고 그 목표를 달성할 최종 시한을 정하라

무(無)에서 꿈을 끌어내, 확실하고 명백한 목표를 세운 다음 글로 구체화시켜라. 인간의 역사에서 가장 위대한 발견은 아마 이런 말일 것이다.

"사람은 생각하는 대로 된다."

당신의 인생이 어떻게 바뀔 것인가는 다른 무엇보다도 다음의 두 가지에 의해 결정된다. 당신은 무엇을 생각하고 있는가, 그리고 평상시에 그것을 어떻게 생각하고 있는가.

성공한 사람들은 대부분의 시간을 자기 목표에 대해 생각하며 보낸다. 그 결과 그들은 쉬지 않고 목표를 향해 나아가고 있는 것이며, 목표는 그들을 향해 끊임없이 다가오고 있는 것이다.

당신의 인생을 발전시키기 위해서는 어떤 목표를 정해도 좋다. 늘 당신의 목표를 마음속으로 생각하고, 입으로 말하며 머릿속으로 구체화시켜라. 그럼으로써 당신은 자기 시간의 대부분을 근심과 걱정거리를 생각하고 말하는데 보내는 보통 사람들보다 훨씬 높은 것을, 훨씬 깊은 것을, 훨씬 많은 것을, 훨씬 넓은 것을 성취하게 될 것이다.

목표를 세우고, 그것을 달성하는 문제에 관한 일곱 단계의 단순한 법칙이 있다. 이 법칙을 이용하면 당신도 반드시 부자가 될 수 있다.

1단계 생활의 모든 분야에서, 특히 재산 증식 문제에 있어 당신의 목표를 정확히 정하라. 사람들은 대부분 이런 목표가 없다.

2단계 당신의 목표를 정확하고 자세하게 글로 적어라. 그 목표를 글로 적는 순간, 당신의 머리와 손에서는 놀라운 변화가 생기기 시작할 것이다.

3단계 목표마다 최종 시한을 정하라. 목표가 아주 크면 작은 단계로 나누어, 단계마다 최종 시한을 정하라. 당신 스스로 지향해야 할 목표를 만들어라.

4단계 당신의 목표를 달성하는데 필요한 행동을 생각나는 대로 모두 적어 목록을 만들어라. 새로운 아이디어가 떠오를 때마다 목록을 계속 추가해 가면서 완성시켜라.

5단계 목록을 일관성 있는 행동 계획으로, 조직적으로 질서 정연하게 체계적으로 배치하라. 먼저 할 일과 나중에 할 일을 구분하고, 중요한 일과 중요하지 않은 일을 나누어 일의 순서를 정하라.

6단계 계획에 입각하여 당장 실행에 옮겨라. 그저 꾸물거리고 미루다가는 많은 계획과 목표들이 망각 속에 묻혀 버리고 만다.

7단계 가장 중요한 원칙이다. 무엇이든 매일 당신의 가장 중요한 목표를 향해 적어도 한 걸음 다가갈 수 있는 일을 하라. 성취하려는 목표가 무엇이든, 당신은 '매일같이 행동하기'라는 원칙만 지킨다면, 당신에게 커다란 성공이 약속되는 것이다.

이런 원칙에 익숙해지려면 다음과 같은 훈련이 필요하다. 먼저 메모장을 준비해서 오늘 날짜 페이지의 맨 위에 '목표'라는 말을 적어 넣어라. 그러고 나서 앞으로 일 년 안에 성취하고자 하는 목표 열 가지를 적어 목록을 만들어라. 일 년이 지나 그 목표가 모두 달성된 다음에는, 지금과 똑같이 진지한 태도로 다시 목표를 적는 것이다. 새로 만들어진 목표의 문장 첫머리를 모두 '나'라는 말로 시작함으로써, 이 목표가 오직 당신의 힘으로 성취되어야 한다는 점을 강조하라.

다음 해의 목표도 10개를 적어서 목록으로 만들어라. 그럼으로써 당신은 이 사회의 오직 3퍼센트만이 속하는 배타적인 집단 안으로 진입할 수 있을 것이다. 우리 사회의 나머지 97퍼센트의 사람들은 평생을 살면서 그런 성취 목표의 목록을 단 한 번도 만들어 본 적이 없다고 한다. 매우 유감스러운 일이 아닐 수 없다.

일단 10개의 목표를 적은 목록을 만들었으면, 그 목표를 하나하나 검토하며 자신에게 다음과 같은 핵심적인 질문을 던지는 것이다. 만약 성공한다고 했을 때, 이들 목표 가운데 어떤 것이 나의 삶에 가장 긍정적인 영향을 미칠 것인가?

결론이 무엇이든 좋다. 그런 목표에 특별히 동그라미를 쳐서 당신의 미래를 위해 가장 중요한 첫 번째 목표로 삼는 것이다.

목표를 달성할 시한을 정하고, 계획을 세워 당장 행동에 옮겨라. 그리고 그 목표에 다가갈 수 있도록 매일 뭔가를 하는 것이다.

지금부터 항상 그 목표를 생각하고 말하라. 어떻게 그 목표를 달성할 수 있을 것인지 생각하고 말하라. 당신 스스로 그 목표를 실현할 수 있는 남다른 방법들을 늘 생각하고 말하라. 이와 같은 훈련은 당신의 창조성을 자극하고, 당신의 활력을 충전시키며, 당신의 잠재력을 키워 줄 것이다.

* * *

1999년 7월 18일, 롱아일랜드 해안에서 한 소형 비행기의 비상 신호 전파를 감지한 미국 정부는 해안경비대와 항공기 20여대, 5개 주의 인력을 동원해 250킬로미터에 이르는 해안을 샅샅이 수색했다. 마침내 뉴욕 앞바다에서 비행기의 잔해들 가운데 일부가 발견됐고, 목적지였던 마서스 비너드 남쪽 해안에서는 가족의 이름표가 달린 짐들이 발견되었다. 이 소식은 곧 뉴스를 타고 전 세계로 퍼져 나갔다. 그리고 전 세계의 주요 일간지와 뉴스의 머리기사를 장식했다.

전 세계적으로 하루에도 수천, 수만 건의 사고가 발생한다. 그런데 왜 이 사건만 유독 세계인의 이목을 끌었던 것일까? 도대체 누가 죽었기에 그렇게 야단법석을 떨었을까? 그것은 바로 짐 꾸러미에서 발견된 이름이 다름 아닌 존 F. 케네디 2세였기 때문이다.

케네디 가문은 지난 1963년 존 F. 케네디 대통령의 암살과 1968년 그의 동생이자 전 법무장관 로버트 케네디의 암살, 그리고 이듬해 막내 에드워드 케네디의 익사 사건 등 비운이 계속됐다. 그의 자식들도 비행기 사고와 약물 남용 등으로 사망했다. 그들의 죽음은 항상 세계인의 관심을 끌었다.

우리가 여기서 주목해야 할 것은 케네디가의 비운이 아니라 그들이 미국을 대표하는 세계적인 일가라는 점이다. 그 대답은 보스턴의 한 석탄업자의 아들로 태어나 대부호가 되었던 조셉 P. 케네디에게서 찾아야 한다.

아일랜드계 이민 출신의 가톨릭 집안에서 태어난 조셉은 어린 시절부터 사탕을 팔아 스스로 용돈을 벌어서 썼다. 철저한 절약으로 그가 하버드 경제학과를 졸업할 무렵에는, 아르바이트로 모은 돈이 9천 달러가 넘었다. 90년 전에 9천 달러면 지금의 화폐 가치로 환산하여 수십만 달러에 달하는 돈이다.

대학을 졸업한 조셉은 은행원이 되었지만, 월급쟁이 은행가로는 서른다섯이 되기 전에 백만 달러를 벌겠다는 자신의 꿈을 실현시킬 수가 없음을 깨달았다. 그래서 은행과 친척에게서 돈을 빌려 콜롬비아 신탁회사의 대주주가 되었고, 이 회사가 퍼스트 월드 내셔널 은행에 합병되면서 25세의 나이로 은행장이 되었다. 대 금융가로서 케네디 재벌의 토대를 닦았던 것이다.

조셉의 다음 목표는 정치였다. 그는 안보 교류 위원회의 위원장이 되었고, 한때는 주영 미국대사를 지냈다. 다음 목표는 미국이라는 거대 기업의 대표였다. 하지만 그것이 어렵다는 것을 깨달은 조셉은 자신의 야망과 목표를 자식들에게 넘겼다. 그리고 아내 로즈와 함께 자녀들의 영재 교육에 많은 노력을 기울였다. 그리하여 둘째 아들 존 F. 케네디는 미국 역사상 최연소 대통령이 되었고, 그밖에도 여러 명의 상원의원과 장관을 배출할 수 있었다.

* * *

목표를 세울 때에는 다음 세 가지를 반드시 염두에 두어야 한다.
첫째, 장기적인 목표와 단기적인 목표를 세울 것. 어떤 목표라고 좋다. 누군가가 했다면 당신도 못할 이유가 없다. 문제는 당신의 시간과 노력과 방법이다. 당신의 인생은 당신에게서 끝나지 않는다. 당신과 당신의 자녀에게, 그리고 다음 세대까지 좋은 영향을 끼칠 목표를 세워야 한다.

장기적인 목표만 있고 단기적인 목표가 없다면 몽상이 되기 쉽다. 단기 목표만 있고 장기 목표가 없다면, 작은 성취에 자만하여 지나친 자신감을 갖기 쉽다. 어느 경우나 당신의 정신 건강과 인생에 좋을 게 없다.

둘째, 계획은 심사숙고할수록 좋고 행동은 빠를수록 좋다. 구체적인 계획은 당신의 목표를 명확하게 하고 실패에 대한 두려움을 없애준다. 공포는 무지와 낯섦 때문에 생긴다.

수영을 잘하던 사람도 익사를 하는 경우가 있다. 발이 땅에 닿지 않는 순간 두려움에 몸이 굳어지고 공포에 빠지게 되는데, 이는 자신이 수영을 할 수 있다는 사실을 잊어버리기 때문이다.

충분한 고민으로 당신의 계획을 현실에 적용시켜라. 예측할 수 있는 위험은 피할 수도 있고, 그 손해를 최소한으로 줄일 수도 있다.

계획이 섰으면 당장 움직여야 한다. 세상에는 60억 인구가 있다. 아무리 기발한 아이디어라도 지구상에 최소한 수백, 수천 명은 똑같은 생각을 할 것이다. 먼저 시작한 사람은 그만큼 경쟁에서 오는 위험을 줄일 수 있다.

셋째, 목표는 관리되어야 한다. 장기적인 목표는 단기적인 목표들을 통해, 단기적인 목표는 구체적인 하루하루의 계획을 통해 엄격한 평가가 이루어져야 한다. 목표가 꿈을 달성하기 위한 지도라면, 계획과 관리는 나침반이나 다름없다. 나침반과 상관없는 항해를 표류라고 하듯, 계획과 관리가 없는 성공목표는 몽상에 불과하다. 목표는 반드시 객관적이고 엄격하게 관리되어야 한다.

이를 위해서는 무엇보다 당신의 계획이 항목별로 세분화되고 명확하게 정리되어 있어야 한다. 그리고 평가를 할 때에는 어떤 과정을 통해 얼마나 노력했는가가 아니라, 계획이 달성 되었는가 아닌가를 평가해야 한다. 사람은 누구나 자신을 변명하려는 본능을 갖고 있고, 그러다보면 목표 관리라고 하는 것이 무의미해지기 때문이다.

자기단련을 위한 훈련지침

목표를 적어 둔 메모장을 항상 생각하라. 자리에 앉을 때마다 생각나는 대로 목표를 적어보고, 그 목표를 달성할 수 있는 새로운 계획을 고민하라. 이런 훈련만으로도 당신은 혼자 힘으로 부자가 될 수 있다.

SECRET

나를 고용한 사람은
바로 나 자신이다.

SECRET
03

나를 고용한 사람은 바로 나 자신이다.

나는 내 영혼의 지배자다.
나는 내 운명의 주인이다.
— 윌리엄 헨리 —

🗝 스스로를 책임질 줄 아는 사람이 되어라

당신은 지금부터 자신이 성취하려고 하는 미래에 대해 100퍼센트 완전히 혼자서 책임을 지는 것이다. 당신의 문제나 단점 때문에 생긴 일로 다른 사람을 탓하거나 욕하지 마라. 당신의 삶에서 불쾌한 일이 생겼다고 해도 불평하지 마라. 어떤 일로도 다른 사람을 비난하지 마라. 당신 스스로 책임을 지는 것이다. 잘못을 바로잡지 못한 건 당신 탓이다.

상위 3퍼센트 집단에 속하는 사람들은 자기를 고용한 사람이 바로 자신이라고 생각한다. 현실적으로 누구에게 월급을 받고 있든지 말이다. 당신이 저지를 수 있는 가장 큰 잘못은, 자신이 아는 다른 누군가를 위해 일하고 있다는 생각을 갖는 것이다.

당신을 고용한 사람은 바로 당신 자신이다. 당신은 당신이라는 서비스 회사의 사장이다. 말하자면 어디에서 무슨 일을 하고 있든지 간에, 당신 자신에 의해 고용된 자영업자인 셈이다.

스스로를 자영업자라고 생각한다면, 당신은 필연적으로 기업가로서의 마인드를 발전시켜야 한다. 철저히 독립적이고, 스스로 책임지며 스스로 시작하는 사람이 되어야 하는 것이다.

무슨 일이 일어나기를 기다리지 말고, 그 무슨 일이 일어나도록 당신이 직접 나서라. 자신의 인생을 경영할 수 있는 사장은 오직 당신뿐이다. 전적으로 혼자서 자신의 건강과 금전적인 부, 직장과 대인관계, 라이프스타일, 가정, 자동차를 책임져야 한다. 당신의 실존을 구성하는 모든 요소들을 스스로 책임져야 한다. 이것이 바로 자수성가한 부자들의 사고방식이다. 스스로를 책임질 줄 아는 사람이야말로 진정으로 힘이 있는 사람이다. 그런 사람들은 항상 무슨 일에서나 강력한 주도권을 행사한다. 그들은 자발적으로 일을 맡고 항상 더 큰 책임을 맡겨 달라고 요구한다. 그러다 보면 어느새 조직 내에 가장 비중 있고 존경받는 사람이 되는 것이다.

그들은 미래에 보다 큰 권위와 책임을 필요로 하는 위치에 오를 때를 대비해 늘 끊임없이 준비한다. 당신도 그런 사람들과 똑같이 해야 한다. 이쯤에서 이런 질문을 해 보자.

당신이 단 하루만이라도 당신 회사의 사장 자리에 올랐다고 하자. 이제 회사에서 생긴 모든 결과를 전적으로 책임지는 위치에 있다면, 당신 스스로 당장 고쳐야 할 점을 한 가지만 이야기해보라.

어떤 답을 생각해 내든 상관없다. 그것을 글로 적고, 계획을 세우며 오늘부터 당장 실천해 보라. 이런 행동 하나만으로도 당신의 인생이 바뀔 수 있을 것이다.

* * *

"나는 내가 경쟁자들보다 똑똑하지 않다는 생각으로 일했다. 두 배의 돈을 벌기 위해서 두 배의 일을 했던 것이다. 또한 회사의 성장을 위해 기꺼이 자신의 희생을 감수할 수 있는 사람들과 일했다."

시카고 교외의 에버그린 파크에서 태어난 웨인 휘젠거는 1962년에 이르러 장인과 친척들에게서 5천 달러를 빌려 자기 사업을 시작했다. 다른 사람에게 고용되어서는 많은 돈을 벌지 못한다는 아버지의 가르침 때문이었다.

그는 플로리다의 포트 로데일사로부터 쓰레기 수거용 트럭 한 대와 고객 명부를 구입했다. 그리고 새벽 4시 반에 사무실에 도착하여 하루에 20시간씩 일했다.

일요일 저녁부터 금요일까지는 늘 도로에서 시간을 보냈기 때문에 겨우 주말에만 가족들의 얼굴을 볼 수 있었다. 쓰레기 수거 작업이 끝나면, 그는 곧장 숙소로 돌아와 샤워를 하고는 바로 새로운 비즈니스 계획을 수립하는 일에 몰두했다.

그리고 마침내 1968년에 이르러 그의 회사는 트럭을 40대나 보유한 중견 쓰레기 수거 업체로 발전했다. 그렇지만 그는 여기서 만족하지 않았다. 쓰레기 수거 사업을 한다고 해서 직접 쓰레기를 수거하러 다녀서는 큰돈이 되지 않는다는 것을 깨달았던 것이다.

그래서 그는 1966년 처가 쪽의 딘 번트록을 포함하여, 시카고의 가족들과 함께 웨이스트 매니지먼트 테크놀리지를 설립했다. 또 주식 거래를 통해 전국적으로 많은 군소 쓰레기 수거 업체들을 매입하여, 미국 전체를 포괄하는 쓰레기 수거 업체를 설립했다.

웨이스트 매니지먼트 테크놀리지는 1971년 500만 달러에 기업 공개를 했고, 휘젠거는 1984년에 이 회사를 30억 달러에 매각했다. 휘젠거는 이후 비디오 대여 업체인 블록버스터를 인수하여 미국 최대의 업체로 성장시켜 84억 달러를 받고 비아콤사에 넘겼으며, 지금은 자동차 렌탈 사업에도 손을 뻗치고 있다.

그렇지만 그는 지금도 오전 6시 45분까지 회사에 출근하고 있으며, 일요일에도 여전히 일을 하고 있다. 심지어 한번은 미국 독립기념일에 영국으로 비즈니스 여행을 떠난 것에 대해 한 친구가 비아냥거리자, 그는 영국은 기념일이 아니기 때문에 전혀 문제될 것이 없다고 말했다고 한다.

휘젠거가 오늘날 수억 달러에 이르는 재산을 벌어들일 수 있게 된 데에 가장 큰 역할을 했던 것은 남다른 주인 의식과 노력이 있었기 때문이었다. 그는 자신의 원칙과 목표를 자신의 회사 직원들에게도 적용하여 회사의 주식을 살 것을 적극적으로 권장했는데, 이는 직원들의 헌신적인 업무 태도를 이끌어 내는 데에 많은 공헌을 했다.

아무리 하찮아 보이는 일이라도, 방법을 찾는 데 남다른 노력을 보인다면 반드시 성공할 수 있다. 바로 내 일이라고 할 만한 일을 찾았다면, 당신의 모든 미래를 걸어라. 셰익스피어는 이렇게 말했다.

"쾌락이 시간을 짧게 만든다."

당신이 자신의 일에 진정으로 주인 의식을 갖는다면, 남들과 다른 노력을 투자할 수 있을 것이고, 당신의 시간은 짧아질 것이다.

스스로에게 물어보라. 내가 남들보다 더 많이 더 열심히 일하고 있는가? 당신의 시계가 다른 사람들보다 빨리 간다면, 분명히 당신은 더 열심히 일하고 있는 것이다. 분명 당신 자신의 일을 하고 있다는 증거이다.

  다시 한 번 자문해 보라. 내 시계는 남들보다 빨리 가고 있는가?

자기단련을 위한 훈련지침

당신이 금전적인 목표를 위해 진심으로 전력을 다하지 못한 그럴듯한 이유들을 정리해 보라. 당신의 삶에서 책임을 돌릴 만한 사람 혹은 다른 무엇이 있는가? 그게 무엇이든 내 인생은 전적으로 내 책임이라는 사실을 받아들여라. 그리고 오늘부터 당장 실행에 옮겨라!

SECRET

좋아하는 일을 하라

SECRET 04

좋아하는 일을 하라

정말로 좋아하는 일을 하면,
앞으로의 인생에서는 일을 하지 않을 수 있다.
– 브라이언 트레이시 –

☞ 좋아하는 일에 혼신의 힘을 쏟아라

좋아하는 일을 한다는 것은 금전적인 성공과 관련하여 가장 중요한 원칙이다. 인생에서 당신이 스스로 책임져야 할 문제들 가운데 가장 중요한 한 가지는, 자신이 진정으로 좋아하는 일이 무엇이고, 어떤 일에 천부적인 재능이 있는지를 찾아내는 것이다. 그리고 나서 그 특별한 일을 아주 잘할 수 있도록 혼신의 힘을 쏟아야 한다.

혼자 힘으로 부자가 된 사람들은 자신의 천부적인 재능과 능력이 직업의 요구 조건과 정확히 일치하는 일을 찾아 원하는 결과를 성취해 낸 사람들이다. 그래서 흔히 자수성가한 부자들은 이런 말을 한다.

"나는 내가 싫어하는 일이라고는 평생 동안 단 하루도 해보지 않았어."

당신이 전력을 다해 빠져들 수 있는 분야를 찾아야 한다. 당신을 완전히 사로잡고, 당신의 관심을 붙잡아 둘 수 있으며 당신의 특별한 재능과 능력이 자연스럽게 표출될 수 있는 그런 직업과 분야를 찾는 것이다.

좋아하는 일을 하면, 마치 흐르는 물처럼 흥미와 에너지가 끊이지 않는다. 일을 좀 더 잘할 수 있는 아이디어가 샘물처럼 솟아난다. 이쯤에서 자신에게 물어보라.

당신이 많은 돈을 벌었다. 그렇다면 지금 하고 있는 일을 내일도 하겠는가?

대답은 아주 간단하지만, 인생을 바꿀 수도 있는 질문이다. 그토록 소망하던 여가와 돈을 모두 얻었고, 그 일에서 해방될 수 있는 기회가 주어졌을 때 무슨 일을 하겠는가 하는 것을 당신에게 묻고 있는 것이다.

자수성가한 부자들은 백만 달러의 현금을 손에 쥐고 있다 할지라도, 지금까지 해 오던 일을 그만두고 싶어 하지는 않는다. 다만 좀 더 다른 방식으로, 더 나은 방법, 보다 고차원적으로 일하고 싶어 할 뿐이다. 그렇다고 해서 그들이 일 중독증에 빠져 은퇴나 휴가 따위는 생각조차 하지 않는다는 것은 아니다.

만약 당신이 엄청나게 많은 직업들 가운데 어떤 것을 선택할 것이냐 하는 기로에 서 있다고 하자. 그렇다면 당신은 무엇을 가장 중요하게 생각할 것인가? 그것은 바로 당신이 정말로 하고 싶고, 정말 자발적으로 헌신할 수 있는 직업이나 분야를 찾아내는 일일 것이다. 그리고 이 문제에 관한 한 누구도 당신을 대신할 수 없다.

* * *

한 과학 잡지는 영국의 화학자 마이클 패러데이를 20세기에 가장 존경받는 과학자 중의 한 사람으로 선정했다. 그는 화학과 전기 분야에서 탁월한 업적을 남겼다. 그렇지만 그의 성공에는 또 다른 의미가 있다. 그것은 그가 정규 교육을 거의 받지 못했음에도 불구하고 그같이 역사적인 업적을 쌓았다는 것이다.

패러데이는 런던 근처의 가난한 대장장이의 아들로 태어나, 읽기와 쓰기를 겨우 뗐을 무렵 공민학교를 자퇴했다. 게다가 약간의 언어 장애가 있어서 발음까지 어눌했고, 그 때문에 늘 선생님에게 심한 매를 맞곤 했다.

열세 살이 되자, 그는 제본 공장의 배달부 겸 견습공으로 취직해야 했다. 하지만 운이 좋았던지, 주인은 그에게 마음대로 책을 읽게 해 주었고, 덕분에 그는 가게에 들어오는 책으로 공부할 수 있었다. 그 가운데 특히 관심이 있었던 분야는 과학이었다. 그는 틈나는 대로 책을 읽었으며, 심지어 적은 급료를 쪼개 구입한 약품으로 직접 실험을 해 보기도 했다.

그러던 중 한 고객에게서 영국 왕립 연구소가 주최하는 과학 강의의 입장권을 얻었다. 당시의 유명한 화학자이던 험프리 데이비의 강의였는데, 그는 강의를 듣고 깊은 감명을 받게 되었다.

그 무렵 패러데이는 직장을 옮겨 다른 공장에 다니고 있었다. 그러나 거기서는 전처럼 자유롭게 책을 읽지 못했다. 어느덧 숙련공이 되어 상당히 많은 급료를 받고 있었지만, 패러데이는 자신의 진로에 대해 심각한 고민에 빠지지 않을 수 없었다.

마침내 그는 일하던 공장을 그만두고 데이비에게 편지를 보냈다. 허드렛일이라도 좋으니, 실험 조수로 써달라고 부탁했다. 그리고 기다리던 끝에 겨우 데이비의 조수로 들어갔지만, 이름만 조수일 뿐 거의 하인이나 마찬가지였다. 잔심부름과 시험관을 닦는 일이 전부였다. 더구나 책 만드는 일에 비해 보수도 형편없었다.

그렇지만 그는 마음대로 책을 볼 수 있었고, 당대 최고의 화학자 험프리 데이비로부터 정식으로 화학을 배울 수 있었다. 또한 데이비를 수행하여 유럽을 여행하면서 앙페르, 볼타 등 유명한 과학자들을 만날 수도 있었다.

적은 보수였지만, 그는 누구보다 성실하게 일하고 열심히 공부했다. 그리고 마침내 왕립 협회 회원으로 왕립 연구소의 교수가 되어 "평범한 패러데이로 남고 싶다"는 자신의 말과 달리, 19세기의 가장 훌륭한 과학자 중의 한 사람이 되었다.

직업을 선택한다는 것은 당신의 성공 프로그램을 실행시키는 엔터키와 마찬가지다. 평생 동안 지켜야 할 전장을 고르는 것이다. 여기서 나는 당신에게 한 가지 충고를 하고 싶다.

하고 싶은 일이 아니라, 좋아하는 일을 선택하라.
'먹고살기 위해' 억지로 다니는 직장이 롯의 소돔과 무엇이 다르겠는가? 명심하라. 당신이 진정으로 성공하는 삶을 살고 싶다면, 하고 싶은 일이 아니라 좋아하는 일을 선택하라.

당신이 어떤 직업을 선택하든 최고가 되기만 하면 얼마든지 성공하는 삶을 살 수 있다. 전장에서 가장 훌륭한 장수는 백 번을 싸워 백 번을 이기는 장수도 아니고, 싸우지 않고도 이기는 장수도 아니다. 바로 이길 전장을, 이길 싸움을 선택하는 장수이다.

좋아하는 일을 직업으로 선택한다면, 늘 당신은 당신의 일과 당신의 고객, 당신의 성공에 대해 생각할 수 있다. 당신의 시계는 남들보다 빨리 움직일 것이며, 남들보다 더 많이 더 열심히 일하는 자신을 발견하게 될 것이다. 지치지 않는 정력은 일에 가속도를 붙여 주며, 또한 한두 번 실패한다 할지라도 여전히 새로운 도전을 하게 해준다. 그렇다면 당신이 선택한 분야에서 누가 당신의 앞자리에 설 수 있겠는가?

당신이 선택해야 하는 것은 바로 좋아하는 일이다.

자기단련을 위한 훈련지침

당신이 가장 즐겁게 할 수 있는 일의 유형을 찾아내라. 지금까지 당신의 성공과 가장 밀접한 관련을 갖고 있는 일은 무엇이었는가? 당신이 어느 일이나 잘 소화해 낼 수 있고 성공할 수 있다면 어떤 직업을 택하겠는가? 그것을 목표로 삼고, 그 방향으로 나아갈 수 있도록 오늘의 계획을 세워라.

SECRET

자신이 하고 있는 일에
최고가 되어라

SECRET 05
자신이 하고 있는 일에 최고가 되어라

어떤 분야든 자신이 최고라는 신념을
얼마나 철저하게 믿느냐에 따라 삶의 질이 결정된다.
– 빈스 롬바르디 –

♂ 자신의 이미지를 스스로에게 최고라고 각인시켜라

오늘 당장 할 수 있는 한, 당신의 분야에서 최고가 되겠다고 결심하라. 지금 어느 분야에 종사하고 있든지, 스스로 그 분야에서 상위 10퍼센트 안에 들겠다는 목표를 세우는 것이다.

이런 결심은 당신이 하고 있는 일에 아주 긍정적인 효과를 가져 올 것이며, 인생의 전환점을 만들어 줄 것이다. 성공한 사람들은 스스로를 자신이 속한 분야에서 인정받고 있다고 생각한다. 물론 그것은 사실이다.

기억하라. 전문가라고 해서 당신보다 특별히 뛰어난 사람은 없다. 특별히 영리한 사람도 없다. 지금 현재 상위 10퍼센트에 드는 사람들도 처음에는 밑바닥에서 출발했다는 점을 명심하라. 탁월한 능력을 갖고 있는 사람들도 한때는 모두 서툴기 짝이 없는 초보자였다. 자기 분야에서 최고의 자리에 오른 사람들도 한때는 그 분야에서 그렇고 그런 보통 사람에 지나지 않았다. 정상에 선 수많은 사람들이 최고가 되겠다는 결심과 실천을 통해 지금의 위치에 올랐다면 당신도 할 수 있다. 가장 위대한 성공의 비밀은 바로 이것이다.

스스로 달라지면 자신의 인생도 달라진다.

당신이 어느 정도까지 훌륭하게 성장할 수 있느냐에 대해서는 어떠한 제한도 있을 수 없다. 또한 얼마나 훌륭하게 당신의 인생을 바꾸어 놓을 수 있을 것인가에 대해서도 제한이 없다.

지금 무슨 일을 하고 있든 최고가 되겠다는, 그 분야의 상위 10퍼센트 안에 들겠다는 결심은 당신의 인생에서 분수령이 될 수 있을 것이다. 또 이것이야말로 엄청난 성공의 열쇠이며, 당신의 개인적인 자부심과 자존심의 토대를 이루게 될 것이다.

지금 하고 있는 일을 정말로 잘할 수 있다면, 당신은 스스로를 대단한 사람이라고 생각하게 될 것이다. 최고가 된다는 것은 당신은 물론 다른 사람들과의 대인관계에도 큰 영향을 준다. 자기 분야에서 최고의 위치에 있다는 확신이 있으면서, 자부심과 행복을 느끼지 못할 사람은 아무도 없기 때문이다.

여기서 당신이 직업을 영위해 나가는 동안, 항상 당신 스스로 묻고 답해야 할 가장 중요한 문제 중의 하나를 짚고 넘어가자.

한 가지 기술을 회고의 수준으로 익히고 닦아야 한다면, 어떤 기술이 당신의 삶에 가장 긍정적인 영향을 미칠 수 있을 것인가?

당신에게는 변변한 재주가 단 한 가지도 없을 수 있다. 설사 그렇다 해도 당신에게 가장 도움이 되고, 따라서 배우고 익히기 위해 진심으로 혼신의 힘을 다할 수 있는 기술이 어떤 것인지는 찾아낼 수 있을 것이다. 그것을 목표로 삼아라. 그리고 글로 써라. 성취 시한을 정하고 계획을 세워라. 그리고 하루하루 그 분야에서 조금이라도 나아지기 위해 노력하라. 당신에게 최고가 되라고 권하는 이 법칙이 삶을 어떻게 바꾸어 놓았는지 깨달을 즈음, 당신은 자신에게 생긴 큰 변화에 놀라지 않을 수 없을 것이다. 이러한 신념 하나만으로도 당신은 혼자 힘으로 부자의 반열에 오를 수 있을 것이다.

* * *

자동차 세일즈 하면 조 지라드라는 사람을 단연 최고로 손꼽을 수 있다. 그는 세계 최고의 자동차 세일즈맨으로 기네스북에 오른 사람이다. 그러나 그의 인생이 처음부터 그렇게 잘 풀렸던 것은 아니다.

한때 그는 하는 일마다 실패하여 빚이 눈덩이처럼 불어났다. 은행의 압류 절차가 진행되고 있었고, 집안에는 먹을 것이 하나도 없었다. 그나마 그런 집마저도 빚쟁이들을 피해 다니느라 마음대로 들락거릴 수 없는 처지였다.

그는 실패자였다. 자신에게도 가족에게도 이 세상에 대해서도.

빚쟁이들에게 쫓기던 중, 지라드는 마지막 시도를 해 보겠다고 결심했다. 그리고 자신이 실패자라는 점을 철저하게 인정하고, 한 친구를 찾아가 일자리를 부탁했다.

친구는 그의 처지를 딱하게 생각해 능력에 따라 커미션을 받을 수 있는 자동차 판매직을 알선해 주었다. 지라드는 그날부터 아는 사람마다 모두 전화를 걸고 찾아다녔다. 그렇지만 결과는 그다지 신통치 못했다. 크리스마스 휴가 시즌이 끝난 직후라 차를 사려는 사람이 없었던 것이다.

다시 의기소침해진 지라드는 대리점 안에 풀이 죽은 채로 앉아 있었다. 그리고 문을 닫을 시간이 되었을 즈음, 한 사람이 찾아왔다.

"꼭 사려는 건 아니고, 좀 둘러보려구요."

지칠 대로 지친 그는 고개를 들어 손님의 얼굴을 쳐다보았다. 그러다가 문득 그 손님이 차를 사 주는 장면이 머릿속에 떠올랐다. 그러자 표정이 밝아졌고, 마침내 그의 성실함이 손님의 마음을 움직여 차를 팔 수 있었다.

그 후로 그는 손님이 들어올 때마다 그 사람이 자신에게 차를 구입하는 장면, 판매 수수료를 받아 가족들과 행복한 식탁에 앉아 있는 장면 따위를 상상했다. 그럴 때마다 늘 기분이 좋아졌고, 보다 밝은 표정으로 고객을 대할 수 있었다.

그는 여기서 그치지 않고 고객 리스트를 만들어 관리하며, 기념일마다 카드와 선물을 보냈다. 예를 들어, 아일랜드 고객에게는 성 패트릭데이를, 유태계 손님에게는 유태인들만의 축제일을 잊지 않고 챙겼다. 그리하여 지라드의 수입은 가파르게 올라갔고, 마침내 세계 제일의 자동차 판매 왕이 될 수 있었다.

* * *

사람은 생각하는 대로 되는 법이다. 당신이 낙관적인 생각을 하면 낙관적인 인생을 살게 될 것이고, 비관적인 생각을 하면 비관적인 삶을 살게 될 것이다. 당신이 자신을 믿지 못한다면, 아무도 당신을 신뢰하지 않음은 당연한 일이다. 당신이 최고가 되겠다고 생각하면 최고가 될 수 있다. 남들도 하는데 당신이 최고가 되지 못할 이유가 어디 있겠는가?

자, 당신의 분야에서 최고가 되겠다고, 혹은 되었다고 생각하라. 스스로에게 자신의 이미지를 최고라고 각인을 시키는 것이다. 그리고 최고로서, 최고가 되기 위한 실천 규범을 생각해 보

라. 그리고 구체적인 계획을 세워 진심으로, 정열적으로 실천에 옮기는 것이다.

지금은 당신이 자신의 업무에서 부족하다고 할지라고, 반드시 최고가 될 수 있다. 당신이 최고로서의 행동 규범을 실천해 나가는 동안, 자신의 업무에 대해 많은 지식을 얻게 될 것이고, 또한 동료와 고객들로부터 능력 있고 성실한 사람이라는 평가를 얻게 될 것이다. 그와 같은 능력과 명성은 당신의 자부심과 상승 작용을 일으켜, 마침내 당신을 최고의 반열에 올려놓을 것이다.

명심하라. 최고가 되기 위해 가장 먼저 할 일은 당신이 최고라고, 최고가 되겠다고 스스로를 납득시키는 일이다.

자기단련을 위한 훈련지침

현재 당신이 자신의 직업에서 가장 잘할 수 있는 분야를 찾아라. 당신이 스스로 최고가 되기 위해 가장 열정적이고 긍정적으로 노력할 수 있는 일은 어떤 영역의 일인가? 당신은 어떤 분야에서 강하고 어떤 분야에서 약한가? 당신에게 가장 유익한 기술을 찾아내고, 실력을 향상시킬 수 있는 오늘의 계획을 세워라.

SECRET

더 많이 더 열심히 일하라

SECRET 06
더 많이 더 열심히 일하라

더 열심히 일할수록 더 큰 행운이 찾아온다.
- 제임스 터버 -

🗝 일할 수 있으면 쉬지 말고 일하라

자수성가한 부자들은 열심히, 아주 열심히 일한다. 남들보다 빨리 시작해서, 남들보다 열심히 일하고, 늦게까지 일손을 놓지 않는다. 그들은 자기 분야에서 최고로 열심히 일하는 사람들의 반열에 오르기 위해 노력한다. '플러스 6'의 공식을 실천해 보라. '플러스 6'의 원칙이란 남들보다 일주일에 최소한 여섯 시간 이상 더 일해야 살아남는다는 법칙이다. 바꾸어 말하면 성공을 하기 위해서는 그 이상을 투자해야 한다는 것이다. 동료들보다 딱 여섯 시간만 더 일하면, 즉 하루에 딱 한 시간씩만 더 일하면, 당신은 반드시 살아남을 수 있다. 그것으로 끝이다.

그렇지만 당신의 목표는 성공이다. 하루 한 시간 정도 더 일하는 것으로는 직장에서 자리를 잃지 않는 것 외에, 크나큰 금전적인 성공이나 동료들로부터 열심히 일한다는 존경이나 부러움은 살 수 없다. 하루에 한 시간 더 일하는 것만으로는 그렇고 그런 보통 사람에 머물 수밖에 없다. 만일 당신이 그 이상 일을 한다면, 그 시간들은 자신의 미래에 대한 투자이다. 남들보다 매주 얼마만큼 많은 시간을 일하느냐에 따라 5년 뒤, 10년 뒤의 자신의 모습은 더욱 정확하고 확실하게 그려질 수 있다. '더 많이 더 열심히'라는 원칙을 대신할 수 있는 것은 아무것도 없다. 미국에서 혼자 힘으로 부자의 대열에 합류한 사람들은 일주일에 평균 59시간을 일한다. 그중에는 일주일에 70시간, 80시간씩 일하는 사람도 많다. 처음 일을 시작했을 때에는 특히 그렇다. 그들 중에 꼬박꼬박 공휴일을 찾는 사람은 아무도 없다. 만약 자수성가한 부자들과 통화할 기회가 생긴다면, 통상의 업무 시간이 시작되기 전이든 퇴근 시간 후이든 사무실로 전화를 걸어 보라. 그들이 전화를 받는 경우가 적지 않을 것이다. 부하 직원들이 소위 '땡돌이 |9시에 출근해서 6시에 퇴근하는 사람들을 일컫는 말|'들이 도착하기 전에 이미 사무실에 출근해 있을 것이며, 그들이 퇴근한 다음에도 자리를 지키고 있을 것이다. 핵심은 이것이다.

일할 수 있으면 쉬지 말고 일하라.

일을 할 때는 시간을 낭비하지 마라. 일찍 일을 손에 잡으면, 고개를 숙이고 그저 곧바로 일을 시작하라. 누군가 당신에게 잡담을 걸어오면 정중히 사과하고 이렇게 대답하라.

"미안합니다만, 당장 처리할 일이 있어서!"

사우나나 하러 다니고 전화로 수다를 떨거나 다른 동료들과 함께 농땡이를 피우거나 신문을 붙들고 늘어지지 마라. 일할 수 있을 때는 언제나 일을 하라. 회사에서 가장 열심히 일하는 사람으로서 명성을 쌓겠다고, 오늘 당장 결심하라. 당신의 노력은 다른 사람들의 주의를 끌게 될 것이고, 당신을 이끌어 줄 사람을 그만큼 쉽게 만날 수 있을 것이다.

* * *

널리 알려진 우화 한 편을 소개하겠다.

옛날 어느 나라의 왕이 가난한 백성들을 보고 마음이 아팠다. 그는 나라 안의 현자들을 불러 모아, 사람들이 잘살 수 있는 방법을 연구해 보라고 명령했다. 현자들은 지혜를 모아 열두 권의 책으로 만들어 왕에게 바쳤다. 그렇지만 이 책을 훑어본 왕은, 좋은 이야기들이기는 하나 이 많은 책을 어떻게 백성들에게 읽히겠느냐며 현자들을 돌려보냈다.

현자들은 그것을 한 권의 책으로 만들어 다시 왕에게 바쳤다. 그러나 왕은 그것도 많다며 다시 줄여 오라고 했다. 현자들은 다시 줄이고 줄여서 한 장으로 요약한 비결을 왕에게 바쳤다. 그러나 왕은 한 장씩이나 되는 걸 어떻게 모든 백성들이 외울 수 있겠느냐며 다시 줄여 오라고 했다. 결국 현자들이 그것을 한 줄로 줄여 바치자, 왕은 "이거다!"라고 무릎을 치며 기뻐했다. 그 한마디의 말은 바로, **"세상에 공짜가 없다."** 는 것이었다.

모든 일에는 대가가 따르는 법이다. 다시 말해서 대가를 얻으려면 뭔가를 해야 한다는 뜻이다. 많은 사람들이 성공을 바란다. 그리고 성공을 얻는 사람은 그 대가를 지불한 사람들이다. 당신이 많은 대가를 치를수록 당신에게 돌아오는 성공의 몫도 커질 것이다. 스스로 게으르다고 생각하지 마라. 게으르고 부지런하고는 습관의 문제이다. 목적이 없는 사람은 항상 쉽고 편한 것을 찾는다. 만일 당신이 게으르다면, 그것은 스스로를 그렇게 길들였기 때문이다. 습관은 만들어지는 것이고, 노력으로 충분히 바꿀 수 있다. 목표를 세우고 꾸준히 스스로를 단속하라. 당신이 노력하는 만큼 성공에 가까이 다가갈 수 있다.

"눈물로 씨를 뿌리는 자는 기쁨으로 단을 거두리로다."

자기단련을 위한 훈련지침

오늘 당장 하루의 노동 시간을 늘릴 수 있는 계획을 세워라. 남들보다 한 시간 일찍 도착하여 하루 종일 열심히 일하겠다고 결심하라. 다른 사람들이 모두 사무실을 비운 점심시간에도 손에서 일을 놓지 마라. 남들보다 한 시간 더 사무실에 남아 있어라. 하루에 일하는 시간을 남들보다 단 두 시간만 늘리겠다는 한 가지 전략만으로도 당신은 두 배의 성과를 얻을 수 있다.

SECRET

평생 동안 애써 배워라

SECRET 07

평생 동안 애써 배워라

어떤 분야든 중단 없는 배움은
성공의 최소 조건이다.
- 데일리 웨이틀리 -

🗝 오늘 당장에 평생 학생이 되겠다고 결심하라

　자기가 선택한 분야에 관해 배우고, 업무 능력을 신장시키는 데에 있어서 능력의 한계라는 것은 존재하지 않는다. 당신이 스스로를 개발하려고만 한다면, 지금까지보다 훨씬 많은 능력과 지혜를 얻을 수 있다. 당신은 스스로 생각하는 것보다 훨씬 영리하다. 당신이 극복하지 못할 장애는 없다. 풀지 못할 문제도 없다. 정신력을 모두 동원한다면 당성하지 못할 목표가 어디 있겠는가? 정신이란 몸의 근육과 같다. 사용할수록 발달한다. 보디

빌딩이 몸의 근육을 단련시키듯이, 마음을 단련하려면 정신적인 근육을 사용해야 하는 것이다. 많이 배우면 배울수록 더 많은 것을 배울 수 있는 능력이 생긴다. 희망적인 소식이 아닌가. 운동은 하면 할수록 더욱 잘하게 된다. 평생 뭔가를 배우기 위해 많은 노력을 들일수록, 당신은 더 많은 것을 더 쉽게 배울 수 있다.

리더는 배우는 사람들이다. 쉬지 않는 배움, 이것이야말로 21세기를 이끌어 갈 열쇠이다. 평생 동안의 배움은 지금 당신이 어느 분야에서 일하고 있든, 그 외에 어느 분야로 진출하려고하든 성공을 위한 최소한의 필요조건이다. 오늘부터 당장 결심하라. "나는 내 기술에 관해 배우는 학생의 입장이 되겠다. 나는 계속해서 공부할 것이며, 이를 통해 앞으로의 삶을 보다 윤택하게 할 것이다."

평생의 배움을 유지할 수 있는 세 가지의 열쇠가 있다. **첫 번째 열쇠는 당신의 분야에 관해 매일 최소한 30분에서 60분씩 독서에 투자하는 것이다.** 독서와 정신의 관계는 운동과 육체의 관계나 마찬가지다. 매일 하루에 한 시간씩 책을 읽다 보면, 일주일에 한 권씩은 뗄 수 있다. 그렇다면 일 년에 50권이 된다. 그리고 10년이면 500권이 된다. 오늘날 성인 한 사람의 독서량은 일 년에 채 한권이 되지 않는다고 한다. 그렇다면 당신이 해야 할 일은 지금부터 책을 읽는 것이다. 하루에 한 시간, 일주일에 한 권씩만이라도 책을 읽는다면 그것만으로도 자신의 분야에서 믿기지 않을 정도로 강력한 무기를 얻게 될 것이다. 한 시간의 투자는 당신을 가장 영리하고 똑똑하며 능력 있는 자로 평가받게 할 것이며, 그만한 대접이 따르게 할 것이다. 물론 언젠가는 업계에서 가장 많은 보수를 받는 사람의 대열에 오르게 될 터임은 당연한 일이다.

평생 공부의 두 번째 열쇠는 장소를 이동할 때 시간을 낭비하지 말고 오디오 프로그램을 이용하는 것이다. 보통 사람들이 운전석에 앉아 낭비하는 시간은 일 년 동안 평균 500시간에서 1,000시간에 이른다. 이 시간이면 주당 40시간을 일한다고 했을 때 거의 12주에서 24주를 근무 시간으로 따지면 3개월에서 6개월에 해당하는 시간을 길거리에서 낭비하고 있는 셈이다. 이것은 대학의 수업 일수로 따지면, 한 학기에서 두 학기에 해당하는 시간이다.

당신의 자동차를 학습 기계로 만들어라. 바퀴 달린 학교로 만드는 것이다. 자동차가 움직일 때마다 반드시 교육용 테이프를 작동시켜라. 인쇄 매체가 발명된 이후 오디오 매체가 가장 위대한 교육 혁명을 가져왔다고 하는 이유가 바로 이것이다.

평생 학습의 세 번째 열쇠는 당신의 분야에서 자신을 업그레이드시키는 데 도움이 되는 세미나와 특강 코스를 빠짐없이 섭렵하라는 것이다. 저자도 부자가 되는 법을 주제로 하는 이틀 과정의 세미나를 운영하고 있다. 책과 교육용 테이프, 세미나를 적절하게 이용한다면 당신은 일 년에 수백 시간, 또 수천 달러를 절약할 수 있다. 또한 오랜 세월동안 고된 노동에 시달리지 않아도 원하는 수준의 금전적인 성공을 거둘 수 있다. 오늘 당장에 평생 학생이 되겠다고 결심하라. 그로 인해 당신의 업무에 어떠한 변화가 생기는지 알게 된다면, 당신은 놀라지 않을 수 없을 것이다. 평생의 배움은 당신이 자수성가형 부자가 되는데 있어 필수적인 요건 중의 하나이다.

* * *

피카소는 "훌륭한 예술은 모방에서 나온다."라고 말했다. 매출액 1,179억 달러, 종업원 수 82만 5천명, 이것이 세계 최대의 유통 기업 월마트의 규모다.

1962년 할인점이 붐을 일으킬 무렵 샘 월튼은 아칸소의 싸구려 잡화점 밴 프랭클린을 인수하여 사업을 시작했다. 그가 이런 작은 구멍가게를 세계 최대의 유통 업체로 키울 수 있었던 비결은 무엇이었을까? 그 비결을 물어 온 기자에게 월튼은 딱 한마디로 대답했다.

"이보게, 난 그저 남을 따라했을 뿐이라네."

오클라호마의 빈곤한 가정에서 태어난 샘 월튼은 잡화를 취급하던 작은 백화점 J. C. 페니에서 주급 75달러를 받고 사회생활을 시작했다. 그는 이곳에서 일하는 동안 소매업이야말로 자신이 평생을 걸 만한 일이라고 생각했다. 관리자로 진급한 그는 상점 운영에 관한 노하우를 하나씩 익혀 나가기 시작했다. 그러는 동안 그에게는 평생 동안 지닐 한 가지 습관이 생겼다. 그것은 소매업에 관한 서적을 탐독하고, 경쟁 업체를 찾아다니며 그들의 장점을 자신의 것으로 취하는 것이었다. 쉬는 날에는 솔트레이크 시티 도서관에 앉아 소매점 관련 서적을 모조리 읽어 나갔다. 그는 도서관에 가지 않는 날에는 근처 백화점이나 유통 업체를 돌아다니거나 교회의 백화점에 대해 공부를 하며 시간을 보냈다. 월튼은 자신이 직접 얻는 경험뿐 아니라 독서와 다른 사람들에게서 얻는 배움까지도 가볍게 생각하지 않았다. 사실 월마트의 셀프 서비스 방침도 그가 만든 창작품이 아니었다. 그가 밴 프랭클린을 운영하고 있을 무렵, 미네소타의 체인점에 관한 책을 읽고 이를 적용한 것뿐이었다. 실은 월마트라는 이름도 페드마트에서 따온 것이며, 프라이스클럽을 모방하여 샘스클럽을 만들었고, 심지어는 거래 장부조차도 다른 사람의 것을 모방하였다.

그는 '빌린다.' 라는 말을 가장 좋아한다고 공공연하게 이야기한다. 1960년대 구멍가게에서 1970년대의 로컬 체인점, 1980년대의 리저널 체인점, 1990년대의 글로벌 체인점으로 성장하기까지, 그는 경쟁 업체들의 혁신적인 경영 방법을 받아들임으로써 비로소 세계 최대의 유통 업체로 성공할 수 있었다.

미국 최고의 유통 업체였던 시어스가 무너졌던 이유에 대해서도 샘 월튼은 같은 맥락에서 이해했다. "그들은 월마트나 K마트를 경쟁자로 받아들이지 않았다."

정상을 넘보는 도전자는 항상 존재하는 법이고, 그들로부터 혹은 다른 원천으로부터 끝없이 배워 나가며 변화하지 않으면 도태될 수밖에 없는 것이다. 이와 같은 월튼의 급성장은 상대를 가리지 않음으로써 모든 시간과 공간을 배움으로 연결시킬 수 있었기 때문이다. 그는 모든 직원들을 동료라고 부르며, 누구에게서나 배우려고 노력했다. 현장에 있는 직원들, 심지어는 배송을 담당하는 운전사들, 그리고 고객들의 아이디어를 자신의 것으로 변화시켰다.

* * *

'배운다.'는 것은 남의 경험을 모방한다는 것이며, 나아가 창조적으로 응용한다는 것을 뜻한다. 모방하지 못하는 자는 창조할 수도 없다. 어쩌면 늘 배우려는 태도 자체가 배움을 통해 얻는 지식보다 훨씬 가치가 있을 수 있다. 일단 자신의 생각을 접어 두고 타인의 말을 경청하라. 모든 시간과 공간을 배움의 장으로 활용하라. 여기서 한 가지 염두에 두어야 할 것이 있다. 바로 배움을 위한 배움, 모방을 위한 모방, 정보를 위한 정보가 되어서는 안 된다는 것이다. 끊임없이 배우되, 수많은 정보에 대해 엄격한 판단 기준이 있어야 한다. 현대는 신문과 잡지, TV와 라디오, 인터넷 등으로 소위 정보의 홍수 시대이다. 당신의 목표를 통해 그 정보가 걸러질 수 있도록 하라. 무익한 정보에 시간을 낭비하지 마라. 그때 비로소 그 정보는 당신의 창조적 모방의 밑거름이 될 수 있을 것이다.

자기단련을 위한 훈련지침

직업과 관련하여 자신을 보다 생산적이고 능률적인 사람으로 바꾸는 데 정말로 도움이 될 수 있는 주제를 한 가지 선택하라. 그리고 그 주제를 완전히 마스터하겠다는 목표를 세워라. 반드시 '독학'을 염두에 둔 계획이어야 한다. 그리고 이 주제에 관해 매일 독서하라. 이 주제에 관해 매일 교육용 테이프를 들어라. 이 주제에 관한 세미나에 빠짐없이 참석하라. 마치 당신의 미래가 이 계획에 달려 있다는 듯이 열심히 노력하라.

SECRET

먼저 저축하라

SECRET 08

먼저 저축하라

> 반드시 수입의 일부는 저축을 하라.
> 저축이 없다면, 당신에게는 위대함의 싹도 없다.
> – W. 클레멘트 스톤 –

🗝 개미처럼 모아라

　오늘부터라도 당장 저축을 시작하라. 직업을 갖고 있는 동안에는 적어도 수입의 10퍼센트는 계속해서 투자하겠다고 결심하라. 급여를 받을 때마다, 항상 우선적으로 금액의 10퍼센트를 떼서, 별도의 통장에 적립해 두는 것이다.

　재직 기간 동안 당신이 매월 100달러씩 저축하여, 연간 수익률 10퍼센트의 일반적인 펀드에 투자를 했다고 하자. 당신이 퇴직할 때쯤이면 그 돈은 적어도 백만 달러 이상으로 불어나 있을 것이다. 말하자면, 아무리 적은 월급을 받는 사람이라도 일찍부터 시작해 오랫동안 저축을 하면, 직장 생활을 마칠 즈음에는 얼마든지 많은 돈을 모을 수 있다는 이야기다.

돈을 저축하고 투자하는 평생 습관을 갖는다는 것은 쉬운 일이 아니다. 여기에는 엄청난 결심과 의지력이 필요하다. 그렇지만 당신은 이런 습관을 목표로 정한 다음, 그것을 글로 써서 계획을 세우고, 실천하기 위해 늘 노력해야 한다. 일단 이런 습관이 자리를 잡게 되면, 당신에게 금전적인 성공이란 이미 약속된 것이나 다름없다.

모든 일에서 절약과 절약, 또 절약을 실천하라. 한 푼을 지출하는 데에도 아주 세심한 주의를 기울여라. 모든 지출에 대해 의문을 가져라.

아무리 중요한 물건을 사는 일이 생겼다 하더라도 적어도 일주일 이상은 기다리고 늦췄다가 결정하라. 한 달이라면 더 좋다. 기다릴 수 있으면 최대한 기다려라. 물건을 사는 일을 늦추면 늦출수록, 올바른 결정을 내릴 수 있을 것이며, 그 때가 되면 같은 물건을 더 좋은 값에 살 수 있을 것이다.

사람들이 퇴직하고 나면 가난해지는 가장 큰 이유가 소위 말하는 충동구매 때문이다. 마음에 드는 물건을 보면, 별다른 고민을 하지 않고 그냥 사 버린다. '소득 수준에 맞추어 지출이 증가한다.'는 소위 '파킨슨 법칙'의 희생양이 되는 것이다.

파킨슨 법칙에 따르면, 사람들은 수입에 얼마가 되었든 간에 버는 족족, 혹은 그 이상을 쓰려는 경향이 있다고 한다. 만일 당신도 그렇다면, 당신의 재산은 더 이상 불어나지 않을 것이다. 그리고 언젠가는 결코 헤어나지 못할 빚더미에서 허우적거리게 될 것이다.

당신은 파킨슨 법칙의 희생양이 되어서는 안 된다. 당장에 수입의 10퍼센트를 저축할 수 없다면, 단 1퍼센트만이라도 따로 떼어 적금이나 투자 예금 계좌에 넣어 두어라.

매월 월급을 받자마자 만사를 제쳐두고 가장 먼저 실천할 일이 바로 이것이다. 설령 빚을 갚을 일이 있더라도 저축이 먼저다. 무슨 수를 쓰더라도 나머지 99퍼센트의 수입으로 살아라. 그런 다음에 99퍼센트의 수입으로 사는 일이 웬만큼 수월해졌다 싶으면 저축의 수준을 소득의 2퍼센트, 3퍼센트, 4퍼센트로 차츰차츰 높여 나가는 것이다.

최소한 일 년 내에 당신의 저축 수준은 10퍼센트까지, 심지어는 수입의 15퍼센트, 20퍼센트까지 늘어나게 될 것이다. 그리고 나머지 수입으로도 별다른 어려움 없이 꾸려나갈 수 있게 될 것이다.

그와 동시에 당신의 저축과 투자 계좌는 꾸준히 늘어가기 시작할 것이다. 당신은 돈 쓰는 일에 더욱 조심스러워 질 것이고, 부채는 내려가기 시작할 것이다.

그리러 나서 한두 해 정도가 지나면 적어도 금전 문제는 완전히 당신의 뜻대로 움직일 수 있게 된다. 드디어 백만장자로서 자수성가할 수 있는 길로 들어선 것이다. 나는 지금껏 이 방법을 시도하여 실패하는 경우를 단 한 번도 보지 못했다. 해보라. 그리고 눈으로 확인하라.

* * *

당신이 50세까지 백만 달러|약 12억원|를 벌기 위해 당장 저축을 시작하겠다고 결심했다 치자. 매월 얼마씩의 돈을 저금해야 할까?

여기서 당신의 나이가 대학을 갓 졸업한 25세인 경우, 30세에 시작했을 경우, 40세에 시작했을 경우를 각각 계산해 보겠다.|단, 계산의 편의를 위하여 매년 이자율을 동일하게 10퍼센트라고 가정한다.|

우선 당신이 25세인 경우에는 26년 동안 매월 약 676달러|81만 1200원|를 불입해야 한다. 30세에 시작하면 매월 약 1,174달러|약 141만원|를 불입해야 한다. 그리고 35세에 시작하는 경우에는 2,126달러|약 255만원|를 저축해야 하고, 40세에 시작하는 경우에는 4,187달러|약 502만원|를 불입해야 한다.

각각의 경우 당신이 불입한 원금을 계산하면 25세인 경우에는 21만 1,048달러, 30세에 시작한 경우에는 29만 5,965달러, 35세에 시작한 경우에는 40만 8,131달러, 그리고 40세인 경우에는 55만 2,623달러이다.

우리는 여기서 이런 결론을 내릴 수 있다. 똑같이 백만 달러라는 목표를 갖고 있지만, 언제 시작하느냐에 따라 상대적으로 그만큼 손해를 본다. 이를테면 당신이 마흔 살에 그런 목표를 세웠다면, 스물다섯 살에 똑같은 목표를 세웠을 때에 비해 34만 1,575 달러 | 4억 989만원 |를 손해 보게 된다. 이것이야말로 빨리 시작해야 할 너무나 확실한 이유가 아닌가?

실제로 미국 부자들의 소비 유형을 조사한 결과를 보면 위의 계산이 전혀 허위된 것이 아니라는 사실을 증명해준다. 실제로 그들의 지출 가운데 가장 많은 비중을 차지한 것은 소득세였으며, 그 다음은 의료비였다. 그리고 옷이나 기타 사치품이 차지하는 비중은 아주 낮았다.

조사에 따르면 옷을 구입할 때, 400달러 미만의 비용을 쓰는 사람이 전체의 50퍼센트 미만이었으며, 천 달러 이상의 비용을 쓰는 사람은 단 10퍼센트도 되지 않았다. 그리고 10명 가운데 한 명은 평생 가장 비싸게 산 옷의 가격이 195달러 미만이었다.

당신의 수입과 저축을 스포츠 경기에 비유하면, 수입은 공격이고 저축은 수비다. 당신의 소득이 5만 달러쯤 된다면 공격수로서는 썩 훌륭하다고 할 수 있다. 하지만 버는 대로 써 버린다면 돈이 모일 턱이 없다.

아무리 탁월한 공격수가 있어도 수비수가 받쳐 주지 않으면, 당신의 팀은 부자들의 머니 게임에서 절대적으로 패배할 수밖에 없다. 반면 공격은 조금 떨어지더라도, 수비를 탁월하게 잘한다면 최소한 비길 수는 있다. 따라서 가장 훌륭한 전략은 수비를 충실하게 하면서 공격의 기회를 기다리는 것이다.

명심하라. 지금 시작해도 늦었다. 그렇지만 지금 시작하지 않으면 당신을 기다리는 미래는 어둠뿐이다.

자기단련을 위한 훈련지침

저축을 위해 오늘 당장 적금 통장을 하나 만들어라. 그리고 아무리 적은 돈이라도 이 통장에 예금하라. 통장의 잔고가 불어날 수 있도록 모든 수단을 강구하라. 그런 다음 돈의 흐름에 대해 공부하면, 어떻게 해야 그 돈을 증식시킬 수 있을지 깨닫게 될 것이다. 재테크 전문가들이 쓴 책과 잡지를 열심히 읽어라. 저축하고, 공부하고, 잔고 늘리기를 게을리 하지 마라. 그러면 마침내 당신은 금전 문제에서 해방될 수 있을 것이다.

SECRET

사소한 것이라도 철저히 배워라

SECRET 09

사소한 것이라도 철저히 배워라

탁월한 업무 능력이 있으면
당신의 빠른 승진과 많은 보수를 가로막을 장애물은 아무것도 없다.
- 댄 케네디 -

☞ 실수는 작은 곳에서 시작되어 인생을 바꾸어 놓는다.

시장에서는 탁월한 장사꾼일수록 많은 이득을 얻는다. 보통 장사꾼은 보통의 대접밖에 못 받고, 평균 이하의 장사치에게는 평균 이하의 보상과 실패, 그리고 좌절을 안겨준다.

당신의 목표는 당신이 선택한 분야에서 최고의 전문가가 되는 것이다. 이를 위해 당신의 능력을 계속 업그레이드시킬 수 있는 것이라면 아무리 사소한 것이라도 철저히 배워야 한다.

먼저 업무와 관련된 잡지는 빠짐없이 읽어라. 가장 최근에 나온 책까지도 철저하게 읽고 공부하라. 그 분야의 전문가들이 개최하는 세미나와 특별 강좌는 빠지지 않고 쫓아다녀야 한다. 업계 모임에 가입하고, 그 분야의 이름 있는 사람들과 교류하라.

통합적 복합성의 법칙에 따르면, 어느 분야나 정보를 가장 많이 수집하고 이용할 수 있는 사람이 가장 빨리 최고의 자리에 오를 수 있다고 한다.

만약 당신이 세일즈 분야에서 일하고 있다면, 판매 과정에 관해 가장 도전적인 평생 학생이 되어라. 세일즈 분야에서는 상위 20퍼센트의 세일즈맨들이 나머지 80퍼센트보다 자그마치 열여섯 배나 많은 소득을 올린다. 당신이 상위 10퍼센트 안에 드는 사람이 된다면 아마 그보다 훨씬 더 많은 소득을 올릴 수 있을 것이다.

당신이 관리직에 종사하고 있다면, 가장 탁월한 관리자가 되겠다고 결심하라. 자기만의 업무 영역을 구축하고, 기업 전략과 전술을 연구해서, 매일 새로운 아이디어를 시도해 보라.

당신 스스로 자기의 직업과 전문 분야에서 최고가 되겠다는 목표를 세워라. 작지만 정교한 통찰력이나 아이디어 하나가 당신의 직장 생활을 바꾸어 놓는 전환점이 될 수 있다. 그 길을 찾는 일을 절대 포기하지 마라.

* * *

실수는 작은 곳에서 시작되어 인생을 바꾸어 놓는다. 퍼스널 컴퓨터의 시대를 예측하고 준비한 사람은 빌 게이츠가 아니었다. 언어학 박사 출신의 게리 킬달은 멀지 않은 장래에 대단히 큰 시장을 형성할 것을 예측하고, 대형 컴퓨터의 프로그래머보다는 운영체제 개발에 몰두했다.

킬달의 운영체제는 1970년대 말에 이르러, 이미 50만여 대의 컴퓨터에서 사용되고 있었다. 당시의 프로그래머들은 킬달의 인터갤럭틱 디지털 리서치가 개발 중인 CP/M-86을 16비트 PC의 표준적인 운영체제로 거의 인정했고, 이를 기반으로 응용 프로그램들을 개발하고 있었다.

IBM은 1980년 퍼스널 컴퓨터 시장에 진입하겠다는 목표로 비밀리에 계획을 추진하여, 이례적으로 단 일 년 만에 시장 출시를 눈앞에 두고 있었다. 하지만 시장 출시를 너무 서둘렀던 탓에 컴퓨터에 사용될 운영체제를 개발할 시간적인 여유가 없었다.

IBM은 당시의 표준적인 운영체제였던 CP/M을 사들이기로 결정했다. 그렇지만 그들은 CP/M이 빌 게이츠와 폴 앨런의 마이크로소프트사가 개발한 것이라고 잘못 생각하고 있었고, 그들에게 구매 의사를 타진했다.

빌 게이츠는 해커 노릇을 하던 열세 살 때부터 킬달과 알고 지

내던 관계였기 때문에 IBM의 요청을 받자마자 킬달과 연결을 시
켜 주었다. 그렇지만 킬달은 이 거래를 대단치 않게 생각했다.
IBM과 같은 막강한 회사가 퍼스널 컴퓨터 시장에 뛰어 들어 봤
자, 실제로 얻을 것이 별로 없다는 판단 때문이었다.

잘해야 몇 십만 달러짜리 단발 거래라고 생각한 킬달은 협상을
아내에게 맡기고, 자신은 다른 약속을 위해 비행장으로 나갔다.
조그만 회사에게서 푸대접을 받고 있다고 생각했기 때문인지 아
니면 다른 이유 때문인지 확실하진 않지만, 어쨌든 IBM은 킬달
의 아내에게 무리한 거래 조건을 내세웠고, 결국 협상은 결렬되
고 말았다.

킬달의 잘못된 판단은 거래의 중재자로 나섰던 빌 게이츠에게
기회를 주었다. 그는 시애틀 컴퓨터의 팀 패터슨이 CP/M-86과
비슷한 운영체제를 개발했다는 정보를 갖고 있었던 터라, 그의
Q-DOS를 매입하여 MS-DOS로 이름을 바꾸었다. 그리고 IBM
의 조건을 모조리 수용하면서 계약을 성사시켰다.

그렇지만 IBM은 PC기술에 대해 개방적인 태도를 취했던 반
면, 마이크로소프트는 운영체제에 대한 법적인 권리를 계속 보
유하고 있었다. 이는 누구나 자유롭게 IBM식 PC를 만들 수 있지
만, 그 운영체제인 MS-DOS에 대해서는 마이크로소프트에 사용
료를 지불해야 한다는 것을 뜻했다. 그리하여 마이크로소프트는
IBM PC가 출시된 지 10년 만에 DOS 하나만으로 매출액 2천만 달

러를 달성했고, 네덜란드와 손을 잡은 영국함대처럼 인텔과 합작하여 IBM이라는 무적함대마저 격파할 수 있었다.

킬달에게 있어 트랜드를 읽지 못했던 것보다 더 큰 잘못은 이후의 낭만적인 대응이었다. 그는 수많은 기업들이 똑같은 텔레비전과 냉장고, 카메라를 만들고 있듯이 두 개의 운영체제가 존재하지 않는다는 생각에서 마이크로소프트나 시애틀 컴퓨터에 대해 아무런 법적 조치도 취하지 않았던 것이다. 그리고 마이크로소프트에 대한 IBM의 편파적인 지원의 결과로 결국은 운영체제 시장에서 CP/M은 자취를 감추게 되었다.

그리하여 그의 인생은 세계 제일의 부자, 컴퓨터 업계의 황제 빌 게이츠와는 완전히 대조적인 결말로 끝났다. 그는 자신의 회사를 매각한 1억 2천만 달러로 자가용 비행기와 저택을 구입하는 등 화려한 생활을 했지만, 친구로부터 배신당했다는 분노와 우울증을 감당하지 못하고, 결국 1994년 7월 몬트레이의 한 술집에서 술을 마신 뒤 근처의 전자오락실 옆 길바닥에 쓰러져 세상을 떠났다.

* * *

한 번의 잘못은 이렇듯 또 다른 잘못을 부르기 마련이다. 인생에 있어서의 궁극적인 실패는 사소한 것에서 출발하는 경우가 많다. 한 번의 잘못을 감추기 위해, 혹은 의연한 척하기 위해 두 번째 실수를 저지른다. 거듭되는 실수는 결국 자부심에, 그리고 자신에 대한 신뢰를 약화시키고 결국은 좋지 못한 결말을 가져오는 것이다.

　자신의 업무와 관련된 것이라면 사소한 것 하나라도 가볍게 취급하지 마라. 그것이 만약 중대한 결정과 관련된 것이라면 미룰 수 있을 때까지 미루고 마지막에 결정하라. 그것이 자기 개발과 관련된 것이라면, 단기적인 목표 속에 포함시켜 철저하게 극복하라.

자기단련을 위한 훈련지침

업계의 트랜드를 파악하라. 미래에 당신이 업계를 이끌려고 할 때, 핵심적으로 요구되는 능력과 기술은 무엇일까? 그 같은 능력과 기술을 발전시킬 수 있는 오늘의 계획을 세우고, 매일 그 목표를 달성하기 위해 매진하라.

SECRET

당신의 서비스에
작은 차이를 만들어라

SECRET 10

당신의 서비스에 작은 차이를 만들어라

원하는 것을 얻을 수 있도록 다른 사람을 도와주면
당신은 인생에서 필요한 모든 것을 얻을 수 있다.
― 지그 지글러 ―

🗝 남들보다 새롭고 보다 나은 방법으로 고객들에게 봉사하라

삶에서 당신에게 돌아오는 보상은 당신이 얼마나 헌신적으로 봉사했느냐에 따라 결정된다. 혼자 힘으로 부자의 위치에 오른 사람일수록 고객 서비스에 특별한 집착을 갖고 있다. 항상 고객에 대한 생각이 떠나지 않는 것이다. 그들은 남들보다 새롭고 보다 나은 방법으로 고객들에게 봉사할 수 있는 방법이 무엇일까 늘 고민한다.

끊임없이 스스로에게 이렇게 질문하라. 고객들이 진정으로 원하는 것은 뭘까? 고객들은 정말로 무엇을 필요로 하고 있을까? 고객들은 어떤 것에 비중을 두고 평가하는 것일까? 어떻게 해야 내가 남들보다 고객들에게 더 잘할 수 있을까? 오늘은 고객들이 왜 다른 사람에게 갔을까? 고객들이 내게서 물건을 사게 하려면, 나는 그들에게 무엇을 주어야 할까?

인생에서 성공은 다른 사람들이 원하는 것을 당신이 얼마만큼 충족시켜 줄 수 있느냐에 직접적으로 관련되어 있다.

늘 받은 것보다 더 많은 것을 줄 수 있도록 노력하라. 항상 고객들이 원하는 것 이상을 해줄 수 있는 길을 찾아라. 기억하라. 덤은 아무리 많아도 소화불량에 걸리지 않는다.

당신의 고객은 당신이 직장에서 성공하는데 열쇠를 쥐고 있는 사람들이다. 바꾸어 말하면 꼭 당신에게서 물건을 사는 사람만을 뜻하는 것이 아니라는 말이다. 회사의 사장이나 직장 동료도 당신의 고객이다. 고객이란 자신의 성공이나 심리적, 육체적 만족을 위해 당신에게 의지하고 있는 모든 사람들을 말한다.

이쯤에서 당신이 매일매일 스스로에게 질문하고 대답해야 하는 문제를 한 가지 정리해보자.

고객에 대한 서비스의 질을 높이기 위해, 오늘부터 당장 내가 실천할 수 있는 일이 무엇일까?

당신이 업무와 매일 당신의 봉사를 기다리는 사람들에게 제공하는 서비스의 가치를 높일 수 있는 방법을 고민하라. 서비스의 질과 방법을 조금만 개선해도, 그것은 당신의 금전적인 성공의 지름길이 될 것이다. 당신의 서비스에 작은 차이를 만드는 일을 게을리 하지 마라.

오늘날 고객들이 서비스를 평가하는 속도는 그 어느 때보다 빨라졌다. 고객들이 당신에게 뭔가를 부탁하면, 반드시 이렇게 대답하라.

"물론입니다. 당장 해 드리겠습니다."

당신의 고객들이 가장 좋아하는 말이 바로 이것이다.

* * *

지난해 영국의 파이낸셜타임스는 브랜드 컨설팅 회사인 인터브랜드의 조사 결과를 인용하여 상표 가치의 변동에 관한 기사를 발표했다. 2000년 7월 18일자 기사에 따르면, 불과 1999년까지만 해도 선두를 고수하던 코카콜라가 마이크로소프트에게 1위 자리를 위협받고 있다는 것이었다.

코카콜라 상표는 가치가 지난해와 대비하여 13퍼센트가 떨어진 725억 달러|약 87조원|였던 반면, 마이크로소프트는 25퍼센트가 상승한 702억 달러|약 84조 2,400억|이었다. 이는 단순히 이 두 회사 지명도의 변경을 뜻하는 것이 아니라, '구경제'로부터 '신경제'로의 이행을 보여주는, 세계 경제의 얼굴이 바뀌는 상징적인 사건이었다.

상표는 기업의 얼굴이자 한 시대의 경제를 대표하는 얼굴이며, 경쟁에 있어서 막대한 이점으로 작용한다. 우리가 가게에서 처음 물건을 고를 때에도, 집을 고친다든가 변호사를 선임한다든가 하는 서비스를 고를 때에도, 가장 일차적인 판단의 재료가 되기 때문이다. 상표는 기업에게 잠재적이면서도 현재적인 이윤을 보장해준다. 더욱이 오늘날의 시장은 생산자가 소위 원가 분석에 기초하여 모든 것을 결정하던 시대가 가고, 소비자의 권리가 더없이 향상되는 쪽으로 움직였다. 그만큼 상표의 가치가 더욱 중요해진 셈이다.

앞에서 당신은 '당신'이라는 서비스 회사의 사장이 되겠다고 결심했다. 그렇다면 당신의 고객은 당신의 이름을, 당신의 얼굴을 얼마나 잘 기억하고 있는가? 당신이라는 회사의 상표 가치는 얼마나 될까? 당신의 성공을 열어 줄 열쇠를 쥔 사람들은 당신을 어떤 얼굴로 기억하고 있는가?

당신이 회사에서, 혹은 다른 직장에서 고객과 동료와 상사, 부하에게 중요하고 소중한 사람이라면 당신은 상표 가치가 큰 사람이다. 그렇다면 유명 상표와 마찬가지로 얼굴도 모르는 대다수의 고객과 상사, 부하가 당신을 찾을 것이고, 거꾸로 당신은 직장에서 더욱 중요한 사람이 될 것이다.

경쟁 사회에서 당신에 대한 수요가 증가하면 할수록 당신의 값은 높아질 것이고, 값이 높아지면 당신의 승진과 급여 인상은 따 놓은 당상이 될 것이다.

그렇다면 당신의 상표 가치를 제고하는 첫걸음은 무엇일까? 세계의 모든 기업들은 자사 브랜드의 이미지를 높이기 위해 해마다 광고와 고객 관리에 엄청난 돈을 쏟아 붓고 있다. 그렇지만 그들이 가장 역점을 두는 것은 고객의 요구를 가장 빠르게 파악하여 가장 신속하게 대처하는 것이다.

1980년대의 거대 컴퓨터 기업 IBM의 사훈은 '생각하라.'였다. 고객의 요구를 미리 예측하고 대응하라는 것이다. 그렇지만 소비자의 권리가 신장되고 요구가 다양해지면서 그와 같은 구호마저도 도태될 수밖에 없었다. 소비자의 요구에 빠르고 신속하게 대응하지 못했기 때문이다. 고객의 요구를 충족시키지 못하면 선택받지 못한다. 결국 1980년대의 무적함대 IBM도 그렇게 무너졌다.

"우리의 사장은 단 하나뿐이다. 바로 고객이다. 고객들은 이 세상 어딘가에서 우리의 물건을 구매할 이들로, 최고 경영자를 비롯한 모든 사람을 해고할 수 있다." |샘 월튼|

이 시대는 고객이 지배자이다. 그들은 더 빠르고 더 확실한 서비스를 원한다. 예로부터 왕의 마음은 하나지만, 그 마음을 맞추려는 신하는 수십, 수백이라고 했다. 당신의 목표는 그 수십, 수백 혹은 수만의 경쟁자들을 뚫고 당신의 얼굴을, 상표를 각인시키는 것이다.

그러려면 무엇보다 고객의 요구를 파악하는데 주력해야 하는데, 그러기 위해서는 먼저 들어야 한다. 고객의 요구를 미리 단정하기보다는 먼저 들어라. 당신의 주장은 마음속에만 담아두고, 우선 상사의 요구가 무엇인지, 동료의 요구가 무엇인지, 부하 직원의 요구가 무엇인지, 무엇을 바라는지 들어라. 고객이 진정으로 필요로 하는 것이 무엇인지 들어라. 가장 중요한 것은 듣는 것이다.

시스코 시스템스는 일찍이 고객 브리핑 센터라는 프레젠테이션 빌딩을 마련하여 고객과의 일상적인 면담 공간을 마련해왔다. 그리고 면담 과정에서 파악된 고객의 요구를 세 단계로 나누어, 가장 위급한 단계인 경우 전 회사는 비상 동원 체제로 돌입했다. '고객이 성공하면 우리의 네트워크 장비를 더욱 많이 구입할 것'이라는 신념을 갖고 있었기 때문이다.

다음으로 당신을 필요로 하는 사람들의 성공을 위해 무엇을 할 것인지를 생각하라. 단지 서비스나 상품만을 팔아서는 서비스에 차이를 만들 수 없다. 당신은 성공을 파는 장사꾼이 되어야 한다. 고객들이 진정으로 필요로 하는 성공을 팔아야 하는 것이다.

명심하라. 당신은 성공을 파는 장사꾼이다. 먼저 들어라. 그리고 즉시 움직여라. 당신이 가장 경계할 말은 이것이다.

"안 된다.", "기다려라", "내 책임이 아니다."

자기단련을 위한 훈련지침

회사 안팎에서 당신에게 가장 중요한 고객이 누구인지 파악하라. 당신이 가장 많이 의지해야 할 사람은 누구인가? 반대로 누가 당신에게 가장 크게 의지하고 있는가? 그 사람들에게 더 나은 서비스를 제공하기 위해 오늘 당장 할 수 있는 일은 무엇인가?

SECRET

절대적으로 솔직하라

SECRET 11

절대적으로 솔직하라

> 부와 성공, 물질적인 이익,
> 위대한 성공과 발명 같은 모든 성취의 원천은
> 바로 당신의 생각이다.
> – 클로드 M. 브리스톨 –

🗝 자신과 세상 모든 사람들에게 진실하라

자기 개발을 통해 길러야 할 품성 가운데, 다른 사람들로부터 높은 평가와 존경을 받고, 성공의 밑거름이 될 수 있는 것은 아마도 당신의 성실성과 그에 관한 다른 사람들의 평판일 것이다. 당신이 하고 있는 모든 일과 모든 거래, 모든 행동에서 철저하게 솔직해져라. 성실과 진실을 거래의 대상으로 생각하지 마라. 명심하라. 당신이 내뱉는 말은 당신의 미래를 보장하는 보험 증서이며, 당신의 명예는 당신 사업의 전부이다.

무슨 일이든 사업이 성공하려면 신뢰에 바탕을 두어야 한다. 당신이 부자로 자수성가하느냐 마느냐는 전적으로 당신을 신뢰하는 사람들이 얼마나 되느냐에 달렸다고 해도 과언이 아니다.

얼마나 많은 사람들이 당신을 믿느냐, 얼마나 많은 사람들이 당신을 위해 기꺼이 일하려고 하느냐, 얼마나 많은 사람들이 당신의 신용을 인정해 주느냐, 얼마나 많은 사람들이 선뜻 당신에게 돈을 빌려줄 수 있느냐, 얼마나 많은 사람들이 당신을 믿고 물건과 서비스를 사느냐, 당신이 어려울 때 얼마나 많은 사람들이 기꺼이 발 벗고 나설 수 있느냐는 매우 중요한 문제이다.

평생 발전하는 삶을 사는데 가장 중요한 자산은 품성이다. 그리고 그 품성에 대한 평가는 당신이 얼마만큼 성실하게 일하느냐에 달려있다.

성실성의 첫 번째 열쇠는 모든 일에서 자신에게 진실해져야 한다는 것이다. 우선 자기 안에서 최선을 다해 솔직해져라. 스스로에 대해 솔직해진다는 것은 당신이 어떤 일을 할 때, 가장 진솔한 열정으로 그 일을 한다는 것을 뜻한다. 당신의 성실성은 내적으로는 당신의 개인적인 정직성에 의해 그리고 외적으로는 당신이 하는 일의 품질에 의해 평가된다.

성실성의 두 번째 열쇠는 세상을 살아가는 동안 다른 사람에게 진실해지는 것이다. 누구든 진실을 바탕으로 대하는 것이다. 올바르고, 유익하며, 진실이라고 믿는 것이 아니면 절대로 말하거나 행동하지 마라. 다른 뭔가를 바라고 진실을 희생시켜서는 안 된다. 항상 자신이 알고 있는 최고의 기준에 맞춰 세상을 살아가는 것이다.

당신은 규칙적으로 스스로에게 이런 질문을 하고, 또 대답해야 한다. **세상에 나와 똑같은 사람들만 존재한다면, 내가 사는 이 세상은 어떤 모습이 될까?**

이런 질문은 당신으로 하여금 최고의 기준을 세우고 지켜나가도록 할 것이다. 당신의 말과 행동이 이 세상의 보편적인 법칙이 될 거라는 신념을 가지고 행동하라. 모든 사람이 당신을 주시하고 있으며 당신의 행동 하나하나를 따라 배울 것이라는 생각으로 몸가짐을 조심하라. 그리고 무엇이든, 어떤 대가가 따르든지 늘 바른 일을 하도록 노력하라.

* * *

2차 대전 초기, 영국 수상 처칠이 연합국에 대한 미국의 지원을 끌어내기 위해 테오도어 루스벨트 대통령을 만나러 왔을 때의 일이다.

VIP룸에서 목욕을 한 후 수건 한 장만 걸치고 있던 처칠 앞에, 루스벨트 대통령이 예고도 없이 나타났다. 당황한 처칠은 전후 사정은 생각하지도 않고 불쑥 몸을 일으켰다. 순간, 처칠의 허리에 걸쳐 있던 수건이 바닥으로 흘러내렸다. 정장의 루스벨트와 알몸의 처칠. 그 때 처칠은 빙그레 웃으면서 이렇게 말했다.

"보시다시피, 영국 수상인 나는 미국의 대통령인 당신 앞에서 아무것도 숨길 게 없습니다."

뒤이어 두 사람은 솔직한 대화를 나누었고, 미국과 영국은 미국의 참전과 전후 처리에 이르기까지 긴밀한 관계를 유지하게 되었다. 백 권의 책에 쓰인 말보다, 성실한 마음 하나가 서로의 마음을 움직였기 때문이다.

솔직함과 성실함은 자신을 객관적으로 평가하고, 다른 사람의 신뢰를 얻는 열쇠이다. 만일 당신이 자신에게 진실하지 못하면, 당신의 목표와 계획은 결코 달성될 수 없다. 늘 변명을 하고, 당신 이외의 다른 사람이나 사건에서 이유를 찾으려고 하기 때문이다. 또한 당신이 상대에게 진실하지 못하면 상대도 당신에게 진실하지 못할 것이다. 그렇다면 당신 스스로도 자신을 신뢰하지 못할 것이며, 다른 사람들 또한 당신을 신뢰하지 않을 것이다. 그렇게 되면 성공에 필요한 두 가지 인적 요소를 모두 잃게 되는 셈이다.

반드시 기억하라. 진실은 진실로, 거짓은 거짓으로 보답받기 마련이다. 디즈레일리의 말처럼 사람이 실패하는 것은 지혜가 부족해서가 아니다. 만약 당신이 지금까지 스스로에 대해 자부심을 갖고 있지 못했다면, 다른 사람들로부터 신뢰를 받지 못했다면, 대개의 경우 자신의 성실성과 진실을 의심해야 할 것이다.

자기단련을 위한 훈련지침

삶에서 부딪히는 문제들은 원칙으로 돌아감으로써 거의 해결할 수 있다. 당신의 원칙은 무엇인가? 당신의 신념은 무엇이고 어떠한 기준에 입각해서 살고 있는가? 어떤 일 때문이든 스트레스를 느끼고 있다면, 그것은 당신이 자신의 원칙 중 하나를 희생시켰기 때문이다. 그것이 무엇이든, 진실로 자신의 인생에서 중요하다고 생각하는 가치에 대해서는 솔직해져라.

SECRET

최우선 과제에 먼저 매달려라

SECRET 12

최우선 과제에 먼저 매달려라

> 우유부단한 사람은 모든 일에 흐리다.
> 당장 중요한 일부터 시작하라.
> — 브라이언 트레이시 —

🗝 최우선 과제를 정하고 그것을 완수할 때까지 매달려라

최우선 과제를 정해서 다른 데 정신을 팔지 말고 오직 그 일에만 매달리는 습관을 가져라. 그러면 당신은 무슨 일을 하든지, 원하는 일은 무엇이든 반드시 이룰 수 있을 것이다.

수천, 아니 수백만 사람들의 급여 수준을 높여 주고, 재산을 모을 수 있게 해 주고, 금전 문제를 해결해 주었던 핵심 전략이 바로 이것이다.

최우선 과제를 정하고, 그것을 완수할 때까지 매달려라. 그럴 수 있는 능력은 당신의 의지력과 자기 훈련, 개인적 품성에 대한 원초적인 시험이자 측정 수단이다. 이것은 가장 힘든 습관 중의 하나이지만, 크게 성공하기 위해 반드시 갖추어야 할 가장 중요한 습관이기도 하다.

여기에서 당신이 지켜야 할 규칙은 이것이다. 어떠한 일을 시작하기 전에 목표 달성을 위해 해야 할 일을 빠짐없이 적어 목록을 만들어라. 그런 다음 자신에게 다음 네 가지의 질문을 반복함으로써 최우선 과제가 무엇인지 정하라.

첫 번째 질문. 무엇이 내게 가장 가치 있는 일인가?
당신의 업무와 사업에서 다른 어느 것보다 소중한 일이 무엇인가?

두 번째 질문. 내가 무엇 때문에 월급을 받고 있는가?
즉, 사장이 무엇 때문에 당신을 고용했는지 고민하라. 이때 고민의 핵심은 과정이 아니라 결과다.

세 번째 질문. 오직 자신만이 남다른 차별성을 만들어 낼 수 있는 일은 어떤 것인가?
다시 말해서 당신만이 할 수 있는 특별한 일이 무엇인가 고민하라는 뜻이다. 당신이 한 일의 결과가 남들과 다르지 않다면, 당신은 그 일을 완벽하게 끝내지 못한 것이다. 반대로 당신이 남다른 결과를 만들어 냈다면, 더구나 훌륭하게 성공했다면, 그 결과는 당신의 사업은 물론 사생활에서도 중대한 변화를 가져올 것이다.

네 번째 질문. 어떻게 하면 지금 내 시간을 가장 값지게 쓸 수 있을까?

이 질문에는 항상 한 가지 대답 외에는 있을 수 없다. 당신의 시간을 가장 가치 있게 쓸 수 있는 한 가지를 결정하고, 그 과제에 입각해서 일을 시작할 수 있는 능력이야말로 높은 생산성과 금전적 성공을 보장해 주는 핵심 열쇠이기 때문이다.

가장 중요한 한 가지 과업만을 반드시 추진하라. 그리고 100퍼센트 완수될 때까지 그 일에만 매달려라. 다른 일에 한눈을 팔거나 주의를 흩뜨리지 않고 끝까지 버티는 것이다. 끝장을 볼 때까지 일을 멈추지 않도록 자신을 채찍질하라.

항상 일의 순서를 정하고, 늘 가장 가치가 큰 과제에 집중하라. 머지않아 당신은 최고의 업무 수행 능력을 갖는 습관을 갖게 될 것이다. 일단 이것이 습관화되면 앞에서 설명한 과정들은 자동적으로 이루어지게 된다. 그리고 이것은 당신의 인생에서 실제로 엄청난 성공을 보장해 줄 것이다. 이러한 습관 하나만으로도 당신은 부자의 반열에 오를 수 있다.

* * *

철강왕 찰스 슈왑은 혼자 힘으로 당당하게 부자의 반열에 올랐으며, 오늘날 미국 철강업계의 골격을 완성한 사람이다. 그는 1862년 2월 펜실베이니아의 윌리엄스버그에서 양모 노동자의 아들로 태어났다. 별다른 교육을 받지 못한 그는 잡화점 점원으로 일하다가 펜실베이니아의 브레드독에 있는 카네기 소유의 에드가 톰슨 철강 공장에 취직했다. 많은 노력과 성실성으로 이미 19세에 부공장장 자리에 오른 그는 홈스테드 공장의 노사 갈등을 성공적으로 해결함으로써 35세가 되던 1897년에 카네기 강철회사의 사장이 되었다. 이즈음 경영 컨설턴트였던 J. B. 리는 그를 만가기 위해 여러 차례 약속을 시도했다. 하지만 슈왑은 도저히 시간을 낼 수 없었고, 리는 그를 만나기 위해 한 가지 아이디어를 생각해 냈다. 그것은 시간을 여유 있게 쓰는 법을 전수해 주겠다는 것이었으며 그제야 그는 슈왑을 만났던 것이다. 여기저기 바쁜 일이 복잡하게 꼬여 있던 슈왑은 반색을 하며 리에게 물었다.

"정말로 그런 노하우가 있단 말입니까?"

리의 대답은 너무나 단순했다.

"우선 내일 처리해야 할 일 중에서 여섯 가지를 적고, 그 일에 순서를 매기십시오. 그리고 내일은 반드시 그 순서대로 일을 처리하는 겁니다."

이런 간단한 처방과 함께 리는 만약 이 방법이 효과가 있다면 상담료를 지불해 달라고 말했다. 반신반의하던 슈왑은 그날부터 내일 할 일을 메모하고, 다음날부터 실험에 들어갔다. 여섯 가지 일을 모두 처리하지 못하는 경우도 있었지만 분명히 효과가 있었다. 설령 그렇게 한두 가지 일을 처리하지 못했다 하더라도 남은 일들은 모두 가벼운 사안이어서 다음날 간단하게 처리할 수 있었기 때문에 전처럼 시간에 쫓기지 않아도 되었다. 자신의 업무가 놀라울 정도로 정돈되고 효율적으로 바뀌었다는 것을 깨달은 슈왑은 두 달 후 리에게 상담료로 2만 5천 달러를 지불했다. 그 후 슈왑은 금융왕 피어폰트 모건의 강력한 후원 아래 군소 철강 업체들을 통합하여 US 스틸을 설립하는데 성공했고, 39세가 되던 1901년에는 초대 회장으로 취임했다. 그리고 그는 회장 자리를 내놓고 베들레헴 철강회사를 설립할 때까지 매년 2백만 달러 이상의 수입을 올렸다. 일 중독증 환자라는 사람들의 일 처리 스타일을 살펴보면, 흔히 자신의 능력과 시간을 효율적으로 분배하지 못하는 경우가 많다. 일을 즐기는 것이 아니라 이 일에서 저 일로, 마감 시간에 쫓겨 다니는 것이다. 그러다 보면 어느새 손만 대고 끝내지 못한, 앞으로도 영원히 끝날 것 같지 않은 일의 시체들만 즐비하게 된다. 시간을 효율적으로 사용하고, 일관되게 당신의 계획을 추진하려면 '한 번에 한 가지'라는 대원칙을 세워라. 반드시 한 번에 한 가지만 처리하는 것이다. 그리고 시작한 일은 반드시 끝을 맺어라. 당신에게 일의 능률이 가장 최고인 시간대를 찾아 그 시간에 우선순위의 일을 처리하라. 컨디션에 맞춰 중요한 일과 사소한 일을 나누는 것이다. 그 일을 처리할 때에는 다른 일은 절대로 생각하지 마라. 오직 그 일만 하는 것이다. 그렇지만 반드시 시간을 넉넉하게 배정해야 한다. 여유 있는 스케줄이 업무의 효율을 높이기 때문이다. 구태여 급하게 처리할 필요가 없다면, 순위가 낮은 일들은 미루었다가 자투리 시간을 활용하여 처리하라. 그러나 당신이 남과 달라지려면 이 시간을 잘 활용해야 한다. 책이나 신문을 읽는다든가 도움이 되는 테이프를 들음으로써 시간 사용의 효율을 최대로 높이는 것이다. 주된 업무 외에 잡무가 많다면 예를 들어 편지나 서류 정리 따위의 일이 많다면, 각각의 서류에 제목과 날짜를 알아보기 쉽게 기록해 두는 습관을 가져라. 필요한 서류를 찾느라 시간을 낭비하지 않도록 말이다.

명심하라. 시간은 누구에게나 평등하다. 시간이 없다고 불평해 봐야 단 1초도 늘어나지 않는다. 당신의 일을 효율적으로 처리하라. 일을 난잡하게 만들수록 당신의 건강과 명성만 해칠 뿐이다. 그럼에도 효율적인 시간 사용이 피부에 와 닿지 않는다면 당신에게 얼마만큼의 시간이 남았는지 계산해 보라. 이를테면 이런 식이다.

(평균수명 – 당신의 연령) × 24

이것이 당신에게 남은 시간이다. 1분, 1초가 아깝지 않겠는가?

시간 관리를 위한 10가지 체크 리스트

1. 미래에 대한 확실한 목표를 갖는다.
2. 계획을 세우는 데 남보다 많은 시간을 할당한다.
3. 스스로 일을 시작하고, 스스로 마친다.
4. 우선순위에 따라 한 가지씩 일한다.
5. 자투리 시간을 활용하기 위한 일을 늘 2-3가지 준비한다.
6. 어떤 일을 하든지 반드시 목표를 세우고, 또 반드시 완수한다.
7. 열심히 일하는 것보다 효율적으로 일하는 것이 더 중요하다고 생각한다.
8. 메모하는 습관을 갖고, 늘 주변을 정리한다.
9. 다른 사람의 스케줄을 배려한다.
10. 시간을 효율적으로 쓸 수 있도록 컴퓨터나 통신 장비를 익히는 데 충분한 시간을 투자한다.

자기단련을 위한 훈련지침

가장 중요한 목표를 달성하기 위해 현재 당신이 할 수 있는 일이 무엇인지 파악하라. 그리고 그 일에 매진할 수 있도록 스스로를 체크하라. 100퍼센트 일이 완수될 때까지는 다른 일에 한눈을 팔지 마라. 최우선 과제를 파악하고 오로지 그 일에 매달릴 수 있는 능력은 그것 하나만으로도 당신의 인생 전체를 바꾸어 놓을 수 있다.

SECRET

더 빠르고 더 확실하게

SECRET 13
더 빠르고 더 확실하게

자기 일만 열심히 해서는 안 된다. 대가 없이 아주 조금만 더 하라.
그 조금의 일이 나머지 전부보다 훨씬 가치 있다.
– 딘 브릭 –

🔑 기회는 제 발로 찾아오지 않는다. 항상 재빨리 움직여라

21세기에도 여전히 시간은 돈이다. 오늘날에는 너나 할 것 없이 모두 엄청나게 서두른다. 어제는 분명히 어떤 물건이나 서비스를 원했던 고객들이 오늘이 되면 자신들이 그런 물건이나 서비스를 원했었는지조차 알지 못한다. 사람들은 모든 일에서 점점 인내심을 잃어 가고 있다. 아무리 단골이었더라도 누군가가 지금껏 거래해 왔던 것보다 훨씬 빠르고 좋은 서비스를 제공하겠다고 제의하면, 그 즉시 거래처를 바꾸어 버리고 만다. 때문에 즉석

요리식 고객 만족으로는 더 이상 고객의 요구를 따라갈 수 없다. 이러한 시대에 살고 있는 당신은 신속한 일 처리로 명성을 얻어야만 한다.

업무에 '절박감'을 고취시켜라. 행동 습관을 바꿔라. 기회가 생길 때마다 재빨리 움직여라. 할 일이 눈에 띌 때마다 신속하게 움직이는 것이다. 사장이나 고객이 당신에게 뭔가를 부탁하면, 만사를 제쳐놓고 신속하게 그 일부터 처리하여 그들에게 깊은 인상을 심어 주어라. "가장 바쁜 사람이 가장 빨리 일을 처리한다."라는 말이 당신의 귀에 들려오도록 해야 하는 것이다. 동작이 빠르다고 소문난 사람일수록 더 많은 기회와 가능성이 생기는 법이다. 일할 기회가 많으면 많을수록, 당신은 맡겨진 일로 그저 시간이나 때우는 사람들보다 훨씬 더 빠르게 일을 처리할 수 있게 된다.

자신의 최우선 과제를 고르는 능력과 그 일을 신속하고 정확하게 처리한다는 신뢰를 결합시킬 수 있다면, 당신은 곧 다른 사람들의 선두에 설 수 있게 될 것이다. 그렇게만 된다면 오늘 이 자리에서 머릿속으로만 상상하는 것보다 훨씬 많은 기회의 문이 당신 앞에 열리게 될 것이다.

* * *

피자 배달부는 반드시 30분 안에 배달을 끝내야 한다. 노사 코스트라 피자는 스마트박스에 담겨 배달되는데, 스마트박스가 배달부에게 넘겨지면 곧 배달부의 자동차에 탑재된 지리 정보 시스템에 접속되어, 자동으로 배달지까지의 최적 도로를 표시한다. 만약 피자가 30분 안에 도착하지 않으면, 당신은 배달부를 총으로 쏘아 죽이고 그의 차를 빼앗아도 좋다. 일단 30분이 경과하면 이 소식이 곧장 노사 코스트라의 중앙 상황실로 연결되고 실시간으로 엉클 엔조에게 중계된다. 그리고 5분 내에 당신은 사과의 전화를 받게 된다. 그리고 다음날 당신은 헬리콥터를 타고 나타난 엉클 엔조에게서 직접 사과를 받게 되고, 당신의 손에는 공짜 이탈리아 여행권이 주어진다. 당신은 그저 앉아서 서류에 서명만 하면 된다.

이것은 닐 스티븐슨이 《스노우 크래쉬》에서 그렸던 미래의 한 장면이다. 전 세계적으로 단 한 개만 남은 배달 전문 기업 노사 코스트라의 운영 방침, 이것이 전혀 근거 없는 공상에 불과할까? 세계는 바야흐로 새로운 경영 전략의 시대가 되었다. 미국과 유럽에서 시작된 소위 고객만족 경영기법이 이제는 일본을 비롯한 전 세계로 확산되고 있다. 따라서 미래의 기업 목표는 상품이나 서비스의 판매가 아닌 고객 만족이다.

오늘날의 기업은 제품 지향적인 경영에서 고객 지향적인 경영으로, 제품 경쟁에서 서비스 경쟁으로 변모하고 있다. 독점이 긍정적인 결과만을 낳는 것은 아니겠지만, 서비스 경쟁에서 최종적으로 승리한 기업이 노사 코스트라와 같은 모습이 되지 않으리라는 보장도 없다.

캘리포니아 새너제이에 본사를 두고 있는 시스코 시스템즈의 존 챔버스 회장은 "우리 회사 제품의 기본적인 방향은 고객에 의해 결정되었다."라고 함으로써 일찍부터 고객 만족을 기업 문화의 핵심적인 고리로 파악했다. 신제품의 기능 하나하나마다 고객의 의견을 반영했고, 자신이 만들고 싶은 제품이 아니라 고객이 요구하는 제품을 만들었다. 고객의 요구 사항은 3단계로 분류되어, 긴급한 사안인 경우에는 전 회사가 비상 체제에 돌입하여 문제를 해결했다. 고객 브리핑 센터에서 직원과 고객이 나눈 대화는 즉각 내부 전산망에 입력되어 평가되었고, 담당자에 대한 불만은 그 자리에서 처리되었다. 또한 고객 만족도를 급여나 보너스와 연계시키는 정책이 실시되었다.

결과적으로 작은 벤처 기업에 불과하던 시스코는 분기당 매출 65억 2천만 달러, 순이익 13억 6천만 달러의 세계 최대 네트워크 기업으로 성장할 수 있었다. 21세기에는 고객에게 만족과 성공을 팔 수 있는 기업만이 살아남을 것이다. 당신이 당신이라는 서비스 회사의 주인이 될 것을 결심했다면, 고객에게 남다른 만족과 성공을 팔 수 있는 길을 모색해야 한다. 그러려면 우선 다음과 같이 고객을 존중하는 사고방식에 익숙해져야 한다.

1. 직접 찾아오든 전화나 메일을 통하든 고객은 나에게 가장 중요한 사람이다.
2. 아쉬운 사람은 고객이 아니라 바로 나다.
3. 고객은 내 일을 방해하는 것이 아니라, 내 일의 목표이다. 즉, 혜택을 받는 것은 고객이 아니라 바로 나다.
4. 고객은 논쟁하고 싸울 대상이 아니다.
5. 고객은 우리에게 필요한 것을 알려 주는 사람이다.

이런 원칙을 갖고 있다면, 당신은 고객에 관한 일을 최우선 과제로 삼을 수 있을 것이며, 남들보다 빠르고 확실한 서비스를 제공할 수 있을 것이다.

자기단련을 위한 훈련지침

시작이나 끝맺음을 미루고 있는 일 중에서 딱 한 가지의 중요한 일을 골라라. 그리고 당장 그 일을 시작하겠다는 혹은 끝마치겠다는 결심을 하라. 그리고 늘 다음과 같은 말로 스스로 동기를 부여하라.
"당장 시작하자! 당장 시작하자! 당장 시작하자!"

SECRET

위기는 약점을 보완하는 기회다

SECRET
14

위기는 약점을 보완하는 기회다

> 승리란 일회적인 특별한 사건이 아니다.
> 일상적인 것이다.
> — 빈스 롬바르디 —

🗝 **위기를 두려워하지 마라. 당당히 맞서서 이겨내라**

    등산가가 산 하나를 정복하고 나서 다시 다른 산을 오르려면 일단은 그 산을 내려와야 한다. 인생이나 직장도 똑같다. 오르막이 있으면 반드시 내리막이 있다. '인생은 두 걸음 전진, 한 걸음 후퇴의 과정'이라는 말도 있지 않은가. 어떤 비즈니스든지 주기와 흐름이 있기 마련이다. 상승 곡선과 하강 곡선이 있다는 뜻이다. 비즈니스에서의 흐름은 종종 산업 전반을 완전히 뒤바꾸어 놓는 변화로 이어지기도 한다. 오늘날의 인터넷 그리고 각 분야마다 성장을 거듭하고 있는 기술들의 발전 추세가 그렇다. 우리가 흔히 비즈니스의 법칙이라고 생각하고 있던 것, 소위 비즈니스의 고정관념과 신념들 가운데 많은 부분이 이미 무너지기 시작한 것이다. 장기적인 전망을 개발하라. 당신의 직업과 관련된 모든 부분에서 먼 앞날을 내다보는 것이다. 2년이나 3년, 4년, 5년 앞을 내다보고 계획을 세워 일상에서 흔히 나타나는 단기적인 상승과 하강에 편승하여 롤러코스터를 타듯이 감정의 기복에 시달리지 않도록 하라. 모든 것에는 항상 주기와 흐름이 있다는 사실을 늘 스스로에게 상기시키도록 하라. 마음의 평정을 유지하라. 신념을 갖고, 단기적인 행운과 불행에 얽매이지 마라. 확고한 목표와 매일매일 실천할 수 있는 계획을 갖고 있다고 할 때, 당신의 몇 년간의 인생을 종합하면 분명 그 일반적인 흐름은 상승 곡선을 그리고 있을 것이다.

* * *

역사상 미국 최대의 부자는 누구였을까?

뉴욕 타임스에 따르면 지금까지 가장 많은 돈을 번 사람은 850억 달러의 재산가 빌 게이츠이지만, 국민 총생산에 대한 비율로 따지면 존 록펠러나 앤드류 카네기에 뒤진다고 한다. 특히 1위를 차지한 록펠러는 1837년 그가 사망할 당시 미국 국민 총 생산의 1.52퍼센트에 달하는 1억 4천만 달러를 벌어들였다. 이것을 지금의 국민 총생산을 기준으로 환산하면 2천 120억 달러에 달하는 엄청난 돈이다. 그가 이처럼 누구와도 견줄 수 없는 성공을 이루었던 것은 그만의 탁월한 위기관리 능력 덕분이었다. 농축산물 유통 사업을 했던 그가 석유 사업에 뛰어든 이후 처음 위기를 맞은 것은 1860년대였다. 펜실베이니아 철도회사가 같은 지방 석유 정제업자들의 이익을 위해 석유 선적을 독점하려고 했기 때문에 클리브랜드 지방의 정유업자들은 원유를 아예 공급받지 못할 위기에 처했던 것이다.

그렇지만 록펠러는 클리브랜드에 토대를 두고 있던 지역의 철도업자들과 정유회사들을 끌어들여 30퍼센트에서 75퍼센트까지 할인된 비용으로 원유를 선적함으로써 위기를 타개할 수 있었다. 그에게 위기는 늘 기회였다. 당시의 석유업계는 진입 장벽이 낮았던 반면 높은 이윤을 얻을 수 있었으므로 많은 석유회사들이 우후죽순처럼 생겨나고 있었다. 1870년대가 시작될 무렵 석유업계의 정제 능력은 생산량의 세 배를 넘어서게 되었고, 석유회사들의 채산성은 날로 악화될 수밖에 없었다. 록펠러는 이런 위기를 타개할 방법은 석유회사의 숫자를 줄임으로써 생산량을 효과적으로 통제하는 방법밖에 없다고 생각했다. 그리하여 1872년에는 소위 '클리브랜드 대학살'을 통해 이 지역의 거의 모든 석유회사들을 인수했고, 스탠더드오일사는 1882년까지 미국 내의 석유를 거의 독점하기에 이르렀다. 또한 그는 미국에서는 더 이상 새로운 석유가 발견되지 않을 것이라는 지질학자들의 예측을 받아들였다. 그리고 철도업계가 침체되어 있는 틈을 타 철도회사를 인수했다. 그러던 중 스탠더드오일이 재정적인 위기를 맞자 리마의 유전을 인수했다. 기업 사냥꾼들과 달리 회사를 싼값에 매입하기보다는 늘 전략적인 관점에서 필요한 기업들을 인수해 나갔던 것이다. 그럼으로써 스탠더드오일은 위기를 넘길 때마다 강화된 인력과 조직으로 주인 없는 시장을 선점할 수 있었다. 위기는 피하는 것이 최선책이다. 따라서 목표와 계획을 수립할 때 반드시 염두에 두어야 하는 것이 바로 위기 예방이다. 위기 예방은 당신이 얼마나 많은 정보를 수집했느냐에 의해 좌우된다. 그렇지만 일단 뜻밖의 위기가 닥쳤을 때, 그것을 효과적으로 관리하고 새로운 도약의 계기로 삼기 위해서는 반드시 지켜야 할 원칙이 있다.

첫째, 낙관적인 태도를 가져라. 지금의 위기는 비즈니스와 인생의 흐름일 뿐이다. 당신의 목표는 반드시 달성될 수 있다.

둘째, 위기의 실체를 파악하고 가능한 시나리오를 작성하라. 위기에 대한 정확한 인식이 없으면 해결책도 없다. 한 번의 실패는 또 다른 실패를 부른다.

셋째, 일관된 목표를 견지하라. 목표가 없다면 유일한 해결책은 폭풍우가 지나가기를 기다리는 것이 최선책일 것이다. 그것을 우리는 표류라고 부른다. 위기에 대한 해결책은 반드시 당신의 목표 달성을 지향하는 것이어야 한다.

넷째, 대안이 섰으면 신속하고 과감하게 움직여라. 대처가 늦으면 늦을수록 피해가 커진다.

위기를 기회로 반전시킨 사례는 얼마든지 찾을 수 있다. 예컨대 존슨 앤 존슨은 타이레놀 캡슐에 묻은 청산가리로 인해 사망 사고가 나자 자사 제품을 전량 수거하고 사건의 발생과 진행 과정을 신속하게 매스컴에 공개함으로써 84퍼센트나 하락했던 매출을 단 6주 만에 400퍼센트 이상 신장시킬 수 있었다. 위기를 기회로, 또 다른 정상으로 향하는 발판으로 만드는 것은 낙관적이고 적극적인 태도이다. 명심하라. 위기는 당신의 약점을 보완할 수 있는 기회다.

자기단련을 위한 훈련지침

비즈니스의 핵심적인 주기와 흐름을 파악하라. 시장이 어느 방향으로 흐르고 있는가? 무엇이 변하고 있고, 당신은 그 변화에 어떻게 적응할 것인가? 내일의 새로운 세계를 당신에게 유리한 방향으로 이끌기 위해 오늘 당장 해야 할 일은 무엇인가? 그 답이 무엇이 되었든 좋다. 지금 당장 그 답을 실천하라!

SECRET

중요한 것은 과정이 아니라
결과다

SECRET 15

중요한 것은 과정이 아니라 결과다

자제력이란 좋든 싫든
반드시 해야 할 일을 반드시 마쳐야 할 시간까지 끝마칠 수 있도록
자신을 다스리는 능력이다.
― 엘버트 허바드 ―

🗝 당신을 스스로 단속하는 것부터 시작하라

자제력은 당신의 성공하는 인생을 위해, 혼자 힘으로 부자가 되기 위해 갖추어야 할 가장 중요한 자질 가운데 하나이다.

당신이 꼭 해야 할 어떤 일을, 그 일이 좋든 싫든 간에 해야 할 시간에 맞출 수 있도록 스스로를 다스릴 수 있다면, 당신의 성공은 보장된 것이나 다름없다. 스스로의 힘으로 부자가 될 수 있는 핵심적인 열쇠는 장기적으로 내다볼 수 있는 안목과 단기적인 칭찬에 들뜨지 않는 능력을 결합시키는 것이다. 스스로를 금전 문제에서 해방시킬 수 있는 장기적인 목표를 세우는 것은 바로 당신의 능력이다. 그리고 나서 지출 하나하나를 자제하고, 궁극적으로 장기적인 목표를 성취하는 데 도움이 되는 일만 하도록 스스로를 단속하는 것 또한 당신의 능력이다. 자신을 단속하기 위해서는 침착성과 자기 통제, 책임감, 자발성과 같은 덕목들이 요구된다. 성공한 사람과 실패한 사람의 차이는 너무나 단순하다. 성공한 사람은 실패한 사람들이 싫어하는 일들을 하는 습관을 갖고 있다는 것이다.

그런 일에는 뭐가 있을까? 실패자들이 하기 싫어하는 일은 성공한 사람들도 싫어하기는 마찬가지이다. 하지만 성공한 사람들은 어쨌든 그 일을 한다. 그들은 그런 일들이 자신이 바라는 만큼의 성공을 얻기 위해 반드시 치러야 할 대가라는 사실을 잘 알고 있기 때문이다. 성공한 사람들은 주로 결과에서 기쁨을 찾는다. 반대로 실패자들은 일을 하는 과정에서 만족을 얻는다. 성공한 사람들은 목표를 달성하기 위해 행동한다. 반면 실패한 사람들은 압력을 견디다 못해 행동을 취한다. 성공한 사람들은 힘은 들지만 반드시 필요한 일, 중요한 일을 하려고 한다. 반면 실패한 사람들은 쉽고 재미있는 일, 눈앞의 즐거움을 줄 수 있는 일을 좋아한다.

또한 자제력을 바탕으로 하는 하나하나의 행동들을 통해, 당신은 덤으로 다른 습관을 강화시킬 수 있다. 이를테면 당신이 한 번의 자기 단속을 실천할 때마다 당신의 자부심은 한층 더 업그레이드 될 것이다. 당신이 당신 자신을 더욱 좋아하고 존중하게 된다는 뜻이다. 그리고 당신이 작은 일들에 대해 인내를 실천하면 할수록 커다란 기회와 경험, 그리고 인생의 도전에 필요한 보다 거대한 일에서도 자기 강제를 실천할 수 있는 능력이 배양된다.

기억하라. 삶에서 일어나는 모든 것은 일종의 시험이다. 당신은 매일매일, 매시간 시간마다, 심지어는 일분일초마다 시험을 치르고 있는 것이다. 침착성과 자기통제, 궁극적으로 자기 강제에 대해서 말이다.

그 시험을 통해 당신은 삶에서 가장 중요한 일을 하도록 스스로를 다그칠 수 있는지 그 일을 완수할 때까지 거기에 매달릴 수 있는지를 알 수 있을 것이다. 이는 당신이 스스로 원하는 것, 혹은 가고 싶은 곳에 관한 결단을 내릴 수 있느냐를 시험하는 것이다. 원치 않는 일이 무엇이냐 혹은 과거에 어떤 문제를 갖고 있었느냐를 말하기 위한 것이 아니라는 뜻이다. 시험을 무사히 통과한다면, 당신은 다음 단계로 올라갈 수 있을 것이다. 그리고 계속해서 그 같은 시험을 통과해 가고 있는 중이라면 당신의 인생은 쉬지 않고 상승 곡선을 그리고 있는 것이다. 짐 로쉬는 이렇게 말했다.

"인내는 한 근이지만, 실패는 천근의 무게로 당신을 압박한다."

* * *

스티븐 코비 박사는 200년간의 미국 역사를 통해, 자연의 법칙처럼 인간 사회를 지배하는 원리들이 있다는 사실을 발견했다. 그는 이러한 원리를 일곱 가지로 정리하여 일상생활에서도 누구나 습득할 수 있는 훈련 과정을 개발했고, 이것을 《성공하는 사람들의 7가지 습관》이라는 워크숍에 도입함으로써 유명해졌다. 이 프로그램은 1989년에 다시 책으로 출판되었고, 10년 동안 전 세계적으로 1,700만 부가 팔려 나갔다. 그리고 지금도 아마존이나 뉴욕 타임즈 등의 베스트셀러 목록에 올라 있다. 그가 말하는 일곱 가지 습관은 다음과 같다.

첫째. 주도적이 될 것
둘째. 목표를 확립하고 행동할 것
셋째. 소중한 것부터 먼저 할 것
넷째. 서로 이익이 될 수 있는 길을 모색할 것
다섯째. 먼저 듣고 난 다음에 상대방을 이해시킬 것
여섯째. 시너지 효과를 노릴 것
일곱째. 건강을 유지할 것

그런데 과연 1,700만 명의 독자들이 코비 박사의 말대로 성공하는 인생을 얻을 수 있었을까? 아마 많은 사람들이 그렇게 하지 못했을 것이다. 인생을 성공으로 이끄는 새로운 습관에 익숙해지기까지는 많은 노력과 고통, 실망과 좌절이 길을 가로막을 것이기 때문이다. 당신은 많은 시간을 목표를 수립하고 계획을 짜는 데 보내야 하고, 힘들게 그 계획을 실천으로 옮기고 결과를 평가해야 하며, 그 동안의 오락과 유희를 포기해야 한다.

당장은 얻을 것보다 잃을 것이 더 많을 것이다. 많은 사람들이 그와 같은 습관에 이르지 못하는 이유가 바로 이것이다. 방법을 알고도 실패하는 어리석은 사람이 되지 않기 위해서는 어떻게 해야 그런 함정을 피해갈 수 있을까 고민해야 한다. 또한 새로운 습관에 익숙해지려면 절제와 인내에 지속적인 동기 부여를 위한 고민도 해야 한다.

가장 효과적인 방법 한 가지를 제안하겠다. 일상적인 계획과 실천, 평가의 고리를 만들어라. 그 고리를 통해 당신의 습관을 효과적으로 관리하는 것이다. 계획은 자세할수록 좋다. 자세한 계획은 객관적인 평가에 도움이 된다. 평가할 때 유의할 점은 얼마나 노력했는가에 역점을 두어서는 안 된다는 것이다. 반드시 결과만을 평가하라. 그리고 평가의 결과는 당신의 생활 속으로 피드백될 수 있도록 시각화시켜라. 이를테면 평가 항목마다 가중치를 부여하여 하루의 점수를 내고, 또 각 항목마다 주간, 월간의 점수를 그래프로 작성하는 것이다. 그리고 이것을 눈에 잘 띄는 곳에 붙여 두어라. 긍정적인 결과는 스스로에 대한 신뢰를 높여 줄 것이며, 부정적인 결과는 행동 하나하나를 절제하고 인내하는 동기를 부여해 줄 것이다. 이 모두가 성공의 습관을 갖기 위한 방법이다. 구차하고 창피할 것이 뭐가 있겠는가? 눈에 보이는 모든 곳에 붙여 두는 것이다.

지금 당장 시작해 보라.

습관 관리를 위한 체크 리스트

------------ **계획에 대한 체크 리스트** ------------

1. 계획이 목적에 부합하는가?
2. 충분히 자세한가?
3. 예측하지 못한 일은 없었는가?

------------ **실천에 대한 체크 리스트** ------------

1. 우선순위에 따라 일을 처리했는가?
2. 한 번에 한 가지씩 일을 처리했는가?
3. 시간은 제대로 관리되었는가?
4. 시작한 일은 끝을 맺었는가, 그리고 끝내지 못한 일은 어떤 일인가?
5. 주변에 대한 정리는 잘 되었는가?

------------ **고민해 보아야 할 사항** ------------

1. 계획한 업무 중에 몇 가지를 완성했는가? 업무를 완성시키지 못한 이유는 무엇인가? 무리한 계획 때문인가, 아니면 다른 이유가 있었기 때문인가?
2. 예측하지 못한 상황이 벌어진 이유가 무엇인가, 당신의 고민이 충분하지 못했는가 아니면 불가피한 것이었는가?

자기단련을 위한 훈련지침

한 번에 한 가지씩 변화시켜라. 당신의 인생에서 자제력이 부족해 성공하지 못하고 있는 한 가지 분야를 찾아내라. 그 분야에서 자제심을 키우겠다고 지금 당장 결심하라. 그리고 강하게 밀어붙여라. 다른 사람들에게 당신의 결심을 이야기하라. 새로운 습관이 확고하게 자리 잡기까지는 사소한 예외도 허용하지 마라. 이 한 가지 결심만으로도 당신의 인생을 변화시킬 수 있다.

SECRET

자신의 끼를 개발하라

SECRET 16

자신의 끼를 개발하라

> 상상은 현실보다 훨씬 중요하다.
> – 알베르트 아인슈타인 –

🔑 창조적인 아이디어가 당신을 바꾼다.

여기서 다룰 내용은 훨씬 고무적이다. 당신은 잠재적인 천재이다. 당신은 자신이 생각하는 것보다 훨씬 영리하다. 당신은 지금까지 해 왔던 것보다 훨씬 큰 창조 능력을 갖고 있다. 당신의 두뇌는 백억 개의 세포로 이루어져 있다. 그리고 하나하나의 뇌 세포는 뉴런과 수지상 돌기를 통해 각각 2만개의 다른 세포들과 연결되어 있다. 그렇다면 이들 뇌 세포에서 나올 수 있는 조합과 순열은 우주 내에 존재하고 있는 모든 분자들의 숫자를 더한 것보다 많다. 당신은 당신의 성공에 보탬이 될 수 있는 아이디어를 개발할 수 있는 무한한 능력을 갖고 있다. 이것은 당신의 성공 가능성 또한 무궁무진하다는 것을 뜻한다. 창조성을 자극하는 요소는 세 가지이다.

첫째. **강력한 목표 의식**
둘째. **난관으로부터의 압박**
셋째. **문제에 대한 진지한 고민**

당신이 비즈니스나 개인적인 사생활에서 당면한 목표를 달성하기 위해, 험한 난관을 해결하기 위해, 복잡한 문제를 풀기 위해 정신을 집중하면 할수록 당신은 더욱 영리해질 것이고, 훨씬 탁월한 정신 능력을 갖게 될 것이다.

당신의 두뇌와 창조성의 관계는 몸과 근육의 관계와 마찬가지이다. 쓰면 쓸수록 더 강하고 훨씬 탄력이 넘치게 될 것이다. 실제로 혼자서 하루 종일 창조적인 생각을 하는 것만으로도 지적인 능력을 향상시킬 수 있다.

기억하라. 창조성이라는 말은 '개선'이라는 단어의 다른 이름이다. 일의 한 부분을 개선할 수 있는 아이디어나 어떤 결과를 달성할 수 있는 보다 새롭고 좋은, 보다 빠르고 값싸고 쉬운 방법을 생각해 낼 때마다 당신의 창조성은 최고의 수준으로 작동하고 있는 것이다.

신체 단련을 통해 근육을 발전시키는 것과 마찬가지로 정신적 단련을 통해 두뇌의 능력을 향상시킬 수 있다. 다음에 제시하는 것은 당신의 지적 능력을 개발하고, 그 안에 숨겨진 천재성을 해방시킬 수 있는 훈련 방법이다. 깨끗한 종이 한 장을 마련해서 제일 위쪽에 당신의 가장 주된 목표나 가장 골치 아픈 문제를 적어 넣어라. 예를 들면 이런 식이다.

"어떻게 하면 앞으로 2-3년 내에 내 월급을 두 배로 올릴 수 있을까?"

그리고 나서 이 질문에 대해 당신이 스스로 생각해 낼 수 있는 대답을 적어도 스무 가지 이상씩 적어 넣어라. 그리고 그 대답들 가운데 하나를 골라 당장 행동으로 옮기는 것이다. 아마도 당신은 그 결과에 대해 놀라움을 금치 못하게 될 것이다.

* * *

영국의 의학지 《랜싯》은 아인슈타인의 뇌가 보통 사람들과 달리 대뇌 앞부분에 있는 홈의 일부가 없다는 것이 캐나다의 맥스터대 연구팀에 의해 밝혀졌다고 발표했다. 연구팀을 이끌었던 샌드라 위텔슨에 따르면, 아인슈타인은 선천적으로 이런 뇌를 가졌다고 하며 "뇌를 가르는 홈이 간헐적으로 끊어져 있어서 뉴

런들이 서로 연결되어 뇌의 기능이 증대되었을 것"이라고 한다. 즉 타고난 천재였다는 것이다. 그렇지만 그의 어린 시절은 그가 타고난 천재라는 말을 의심하지 않을 수 없게 한다. 오히려 그 반대였다. 학교 공부는 늘 낙제를 면치 못했고, 열다섯 살에는 다른 학생들을 방해한다는 이유로 퇴학을 당했다. 그의 아버지조차 그에게 아무런 기대도 하지 않았다. 한번은 선생님이 아들에게 무엇을 시키고 싶은지 아인슈타인의 아버지에게 물었다. 그러자 아인슈타인의 아버지는 이렇게 대답했다.

"뭘 해도 상관없소. 성공하기는 이미 틀렸으니까."

아인슈타인의 운명을 바꾸어 놓은 사람은 뮌헨 대학의 한 의대생이었다. 그는 물리학과 수학, 철학을 가르치면서 아인슈타인에게 사물에 대한 진지한 관심을 일깨웠다. 그리고 이러한 관심은 아인슈타인에게 평생의 지표가 되었다.

취리히 공과대학을 졸업한 아인슈타인은 특허국의 하급 심사관으로 취직했다. 특허국 근무를 하면서 어느 정도 생활이 안정되자, 그는 많은 시간을 물리학 연구에 쏟기 시작했다. 그리고 1905년, 마침내 막스 플랑크가 편집인으로 있던 《물리학 연보》에 특수 상대성 이론에 관한 〈움직이는 물체의 전기 역학에 관하여〉를 발표하기에 이르렀다.

그가 타고난 천재였느냐 아니냐는 증명할 수 있는 일도 아니고, 우리의 관심사도 아니다. 중요한 것은 어찌 됐든 그가 한 가지 주제에 몰두했고, 그 결과 무엇보다 새로운 아이디어를 개발할 수 있었다는 점이다.

창조적 아이디어란 대개 두 가지 요소에 의해 만들어진다. 그것은 문제에 대한 집중력과 고정관념의 탈피이다. 하늘 아래 새로운 것은 없다. 깊고 폭넓은 사고를 할 수 있다면 당신도 얼마든지 창조적인 아이디어를 만들어 낼 수 있다. 남들이 그렇게 해 왔고 지금도 그렇게 하고 있다면, 당신도 하지 못할 이유가 없다. 당신이 정상인의 이해력과 사고력을 갖고 있다면 얼마든지 창조적인 마인드를 가질 수 있는 가능성이 있는 것이다.

문제는 훈련이다. 성공하는 삶을 위해 당신은 이미 최우선 과제에 몰두하기로 했다. 그렇다면 남은 문제는 어떻게 고정 관념을 깰 것인가 하는 것이다. 이에 관해서는 수많은 사고 훈련 방법이 개발되어 있지만, 스스로 훈련하는데 유용한 두 가지 방법을 소개하도록 하겠다.

첫 번째 방법은 당신에게 어떤 과제가 주어졌을 때, 시간이 날 때마다, 아이디어가 떠오를 때마다 그것을 메모하는 것이다. 이 방법의 핵심은 가능한 한 많은 아이디어를 생각해 내는데 있다. 하나의 아이디어가 떠오르면 그것을 적고, 또 다른 아이디어를 생각하라. 다른 사람의 생각을 빌려와도 좋다. 하지만 더 이상 새로운 아이디어가 없을 때까지는 하나하나의 아이디어에 대한 비판이나 평가를 하지 마라.

더 이상 아이디어가 없거나 혹은 결정이나 선택을 해야 할 시기가 되면, 각각의 아이디어를 평가하여 상대적인 장점을 가려내고 취사선택하는 것이다. 이 방법은 브레인스토밍을 토대로 하여 독일에서 개발된 브레인라이팅이라는 방법을 변형한 것인데, 하나의 문제에 대한 집중력과 포괄적인 사고를 훈련하는 데 도움이 된다.

두 번째 방법은 체크리스트를 이용하여 당신에게 주어진 과제를 다양한 각도에서 분석하는 것이다. 먼저 당신에게 주어진 과제가 어떤 것인지 먼저 정리하라. 그런 다음 당신이 작성한 체크리스트에 대입하는 것이다.
체크리스트는 다음과 같이 작성할 수 있다.

1. 내 문제가 아니라면(다른 사람, 연령, 성 따위)?
2. 뒤집어 생각해 보면?
3. 문제를 확대하거나 축소하면?
4. 다른 시기, 다른 장소라면?
5. 관련된 문제와 대체하거나 결합하면?

이 방법은 획일화된 사고방식을 극복하게 함으로써 고정관념을 깨고, 혁신적인 아이디어를 만들어 내는데 도움이 된다. 체크리스트는 문제에 따라 다양한 항목으로 정리될 수 있으며, 이 방법에 익숙해지면 당신만의 독창적인 노하우를 만들 수 있을 것이다.

명심하라. 창조력은 개발될 수 있다. 역사에 길이 남을 천재는 되지 못한다 하더라도, 성공하는 인생을 사는 데 부족함이 없을 만큼의 아이디어는 충분히 얻을 수 있을 것이다.

자기단련을 위한 훈련지침

가장 골치 아픈 문제나 당신이 정말로 간절하게 소원하는 목표를 적어 보아라. 그리고 나서 이 문제를 완벽하게 해결할 수 있는 혹은 이 목표를 가장 이상적으로 달성할 수 있는 방법을 생각해 보라. 어떻게 하면 문제를 해결하고, 목표를 달성할 수 있을까? 어떻게 하면 곧바로 이런 결과들을 얻어낼 수 있을까? 기억하라. 그 처음이자 끝은 실천뿐이다.

SECRET

매처럼 날려면 닭과 다투지 마라

SECRET 17

매처럼 날려면 닭과 다투지 마라

**직접 만나든 책을 통하든 아무도 만나지 않는다면,
5년 후에도 당신은 지금과 똑같은 사람으로 남아 있을 것이다.**
— 찰스 존스 —

🔑 좋은 인간관계는 인생의 밑거름이 된다

성공과 행복의 85퍼센트는 전적으로 당신의 개인적인 인간관계나 비즈니스를 통해 형성된 대인관계의 질에 의해 결정된다. 친구가 많을수록, 바람직한 방향으로 맺어진 인간관계가 많을수록 더 큰 성공을 얻을 수 있고, 더 빨리 앞으로 나아갈 수 있다.

실제로 인생에 있어서의 모든 전환점은 누군가가 당신을 돕거나 방해함으로써 이루어진다. 성공한 사람들은 평생을 통해 최고의 대인관계를 맺고 그것을 유지하는 습관을 기른다.

그럼으로써 그들은 종이 울리면 집에 돌아가 TV나 보는 사람들보다 엄청나게 많은 것을 이룰 수 있게 되는 것이다.

만사(萬事)는 인사(人事)라는 말이 있다. 실제로 인생에서 부딪히는 모든 문제는 당신이 적절하지 못한 사람들과 적절하지 못한 관계를 맺음으로써 발생한다. 삶에서 커다란 성공을 얻는다는 것은, 당신을 도울 수 있고 그 대가로 당신이 도움을 줄 수 있는 사람들과 훌륭한 대인관계를 구축함으로써 수반되는 결과이다.

성공의 90퍼센트는 소위 '준거집단'에 의해 결정된다. 준거집단이란 관습적으로 당신과 똑같은 사람들로 평가되고, 당신과 함께 시간을 보내는 사람들의 집단을 말한다.

인간은 카멜레온처럼 함께 하는 사람들을 바탕으로 행동하고 가치를 판단하며, 일정한 태도를 취하고 신념을 형성한다.

성공하고 싶다면 긍정적인 사고를 가진 사람과 사귀어라. 낙관적이고 행복한 사람과 사귀어라. 인생의 목표를 갖고 있고, 그 목표를 향해 나아가고 있는 사람과 사귀어라. 동시에 부정적이고 비판적이며 불평만을 일삼는 사람은 멀리하라. 독수리처럼 날고 싶다면 칠면조들과 아웅다웅하지 마라.

좋은 인간관계를 맺는 최고의 전략 가운데 하나는 새로운 사람들을 만날 때마다 그들의 비즈니스에 관해, 특히 고객들을 그들에게 보내려면 무엇을 염두에 두어야 하는지 물어보는 것이다. 그런 다음 가능하다면, 당신의 고객이나 일 중에서 일정 부분을 그 사람들에게 보내 주어라. '받는 사람' 보다는 '주는 사람' 이 되는 것이다. 상대로부터 무엇을 얻어 낼까 생각하기 전에, 먼저 그들을 내 편으로 끌어들일 방법을 고민하는 것이다.

대인관계를 위한 휴먼 네트워크를 형성하는 가장 최선의 방법은 다른 사람들이 그들의 목표를 달성할 수 있도록 도울 수 있는 방법을 끊임없이 고민하는 것이다.

대가에 구애받지 않고 더 많은 것을 주면 줄수록, 당신에게는 전혀 뜻밖의 사람들로부터 훨씬 더 많은 보상이 돌아올 것이다.

* * *

열 살짜리 소년이 새끼를 밴 토끼 한 마리를 얻었다. 아이는 열심히 토끼를 돌봤고, 얼마 되지 않아 있어 토끼는 새끼를 낳았다. 토끼장 안은 토끼들로 가득 찼다. 그러자 아이는 고민이 생겼다. 혼자 힘으로는 도저히 그 많은 토끼들을 제대로 먹일 수도 돌볼 수도 없었기 때문이다.

고민 끝에 아이는 한 가지 묘안을 생각해 냈다. 바로 토끼에게 먹일 풀을 뜯어 오는 친구들에게 한 마리씩 그들의 이름을 붙여 주었다. 그러자 아이들은 풀을 뜯어 저마다 자기 이름이 붙은 토끼들에게 먹였고, 소년은 토끼에 대해 더 이상 신경 쓸 필요가 없게 되었다.

이것은 미국의 철강왕 앤드류 카네기의 이야기이다. 그는 실제로 철에 대해서 아는 것이 많지 않았다. 다만 철을 잘 아는 사람들을 고용했고, 그들을 부릴 줄 알았다. 그는 인간을 경영하는 사업가였던 것이다.

아무리 많은 지식과 능력을 가진 사람이라 할지라도 혼자 힘만으로는 성공하지 못한다. 오만한 마이크로소프트의 왕자 빌 게이츠도 이 점을 잘 알고 있었다.

"스티브 발머가 없었다면, 나는 기술적인 일에만 집중하지 못했을 것이다."

당신이 금전적인 성공을 원한다면 더욱 그렇다. 당신의 비즈니스가 성공하기 위해서는 동료와 부하 직원, 상사, 거래처 그리고 무엇보다도 고객의 도움 없이는 불가능하다. 더구나 당신이 '당신'이라는 서비스 회사의 사장이 되기로 마음먹었다면, 당신이 부딪히는 모든 사람들이 당신의 성공에 대한 결재권을 가진 고객인 셈이다.

성공한 인생을 살기 위해 반드시 고민해야 할 것은 자신의 인적 자원을 어떻게 구축하고 활용할 것인가 하는 문제이다.

업무상 단 한번 만난 사람조차 당신의 성공 인맥을 활용할 수 있다면, 당신은 이미 80퍼센트는 성공한 것이나 다름없다.

인간관계는 어느 한순간에 형성되는 것이 아니다. 당신이 정작 필요로 할 때에는 이미 늦다. 수많은 젊은 사업가들이 가장 먼저 부딪히는 문제는 바로 배움을 얻을 후원자와, 좋은 거래를 이끌어 갈 고객이 없다는 점이다. 인간관계에 대한 준비는 성공보다 더 먼 미래에 대한 준비이다.

이제부터 감정과 직관에 좌우되는 원칙 없는 인간관계는 당신의 적이다. 당신은 지금 당장 성공을 위한 하이터치 전략을 수립해야 한다. 먼저 원칙을 정하라. 그리고 실천하는 것이다.

여기서 건강하고 성공적인 인간관계를 위한 몇 가지 원칙을 제안하겠다.

우선 당신의 원칙은 무엇보다 전략적인 관점에서 수립되어야 한다. 즉 당신이 성공하는 부류의 사람이 되기로 했으면, 성공한 사람과 성공을 목표로 하는 사람들을 준거집단으로 삼아야 한다. 그런 준거집단에서 형성된 휴먼 네트워크야말로 당신의 가장 훌륭한 성공 자산이 될 것이다.

두 번째 원칙은 진실과 상호주의이다.

이것은 당신이 오랫동안 서로 도움이 되는 인간관계를 유지하기 위해 반드시 지켜야 할 원칙이다.

눈앞의 이익을 위한 인간관계는 오래가지 못한다. 상대방의 이익을 챙기기 위한 수단으로만 생각한다면, 상대방 역시 당신을 그렇게 생각할 것이다. 당신의 이익만을 위하여 상대방과 관계를 맺고자 한다면, 상대방도 마찬가지일 것이다. 그러나 그렇게 만난 사람은 언제든지 당신에게 등을 돌릴 수 있다.

그가 당신의 편이라고 생각하는 순간 이미 적이 되어 있는 것이다. 휴먼 네트워크란 당신이 평생을 이끌고 갈 자산이지 소모품이 아니다. 따라서 진실하고 서로 이익이 되는 관계를 구축해야 하는 것이다.

세 번째 원칙은 관리하라는 것이다.

눈에 보이지 않으면 멀어진다는 말이 있다. 누군가 한두 해 넘게 연락도 없이 지내다가 당신에게 불쑥 뭔가를 부탁해 왔다고 생각해 보라. 반갑다는 느낌이 들기에 앞서 이용당한다는 느낌이 들 것이다. 늘 상대에게 관심을 갖고 직접 만나라. 가장 좋은 방법은 직접 만나는 것이다.

네 번째 원칙은 적을 만들지 말라는 것이다.

당신과 의견이 다르거나 생각이 다르다고 해서 적으로 만들지 마라. 친구가 될 수 없다고 해서 모두 적이 되는 것은 아니다. 업무상의 관계라면 더욱 그렇다. 상대가 같은 업계에 있는 한 당신과 늘 같은 공간에 있기 마련이므로, 직접적인 해를 끼치지 않는다고 해도, 최소한 당신의 평판에 좋지 못한 영향을 줄 수는 있다.

다시 한 번 강조한다. 인간관계는 당신을 평가하는 척도이자, 평생의 재산이다.

자기단련을 위한 훈련지침

현재와 미래 모두의 인생에서 당신에게 어떤 사람이 소중한지 파악하라. 그들의 삶이나 일을 도와줄 수 있는 방법이 무엇일까? 그럼으로써 그들을 당신의 편으로 만들 수 있는 방법은 무엇일까? 반드시 친구가 되어야 하는 사람이 누군지 파악하라. 뭔가를 바라기에 앞서 당신은 그들에게 어떤 도움을 줄 수 있는가? 명심하라. 먼저 씨를 뿌려야 거둘 수 있는 것이다.

SECRET

몸무게가 줄면 인생이 풍성하다

SECRET 18

몸무게가 줄면 인생이 풍성하다

행복의 열쇠는
건강한 육체에 깃든 건강한 정신이다.
- 테오도어 루스벨트 -

♂ 건강한 몸에서 창의적인 정신이 나온다

지금 우리가 살고 있는 이 시대는, 인간의 수명과 건강 문제에 관해 그 어느 때보다 많은 진전을 이루었다. 누구든지 노력만 하면, 건강하게 장수를 누리며 살 수 있게 된 것이다.

여든이나 아흔, 백 살까지 누구보다 건강하게 살겠다는 목표를 가져라. 결심만 하면 그렇게 할 수 있다.

먼저 최소한 여든까지는 건강하게 살겠다는 목표를 세우는 것이다. 그리고 나서 건강 문제와 관련하여 당신이 어떤 습관을 갖고 있는지 살펴보라. 그런 다음 현재의 생활 방식으로 여든 살까지도 최고로 건강하게 살 수 있을지 스스로에게 물어보아라.

건강하고 행복하게 장수를 누리는 데에는 세 가지 핵심 비결이 있다.

첫째는 적당한 체중을 유지하는 것이다. 의사와 상의하여 당신에게 적당한 체중이 어느 정도 인지 알아보라. 그리고 체중 조절을 위한 목표를 세워라.

앞으로의 인생은 날씬하고 건강하게 살아야 한다. 만약 비만이라면 살을 빼라. 그렇지만 무리한 다이어트는 오히려 건강을 해치고, 업무와 대인관계를 소홀하게 만들 수 있다. 그러므로 반드시 의사와 상의하라.

두 번째 열쇠는 식단을 개선하는 것이다. 가장 좋은 다이어트 방법, 가장 좋은 건강 비결은 좋은 음식을 적당히 먹는 것이다.

저단백 식품과 과일, 그리고 야채를 더 많이 먹어라. 디저트나 청량음료, 사탕은 절대 금물이다. 설탕이 든 음식은 당신의 삶에서 완전히 추방하라. 염분을 과다 섭취하지 않도록 주의하고, 되도록 밀가루 음식도 줄여라. 폭음과 폭식은 피하고 고기는 적당량만 먹는 것이 좋다. 한 끼의 식사량은 줄이고, 대신 횟수를 네댓 번으로 늘려라. 하루에 세끼를 잔뜩 먹는 것보다 훨씬 낫다.

바뀐 식사 습관을 완전히 정착시킴으로써 당신의 다른 습관들도 쉽게 바꿀 수 있다는 것을 깨닫게 될 것이다.

오래 살 수 있는 세 번째 비결은 적당한 운동이다. 이를 위해 당신은 일주일에 최소한 200분 이상, 하루에 20분 이상씩 꾸준한 운동을 할 필요가 있다.

당신의 나이에 맞는 적당한 운동을 하라. 그러나 나이보다 약간 활발한 운동을 하는 것이 더 좋다. 운동은 당신의 육체를 건강하게 할 뿐만 아니라, 건강한 목적을 가진 건강한 인간관계를 맺을 수 있는 훌륭한 환경을 만들어 준다.

적당한 시간을 정해 꾸준히 운동하라. 헬스클럽에 가입하거나 다른 체육시설을 이용하는 것도 좋다. 그래도 시간이 없다면, 집에 운동기구를 들여놓고 틈날 때마다 운동하라.

그러나 무리할 필요는 없다. 현재 당신의 건강 상태가 이런 운동을 견뎌 낼 수 없다면, 최소한의 운동이라도 좋다. 일주일에 사흘이나 닷새 정도씩 30분에서 60분 동안 밝은 기분으로 산책하는 것만으로도 많은 도움이 된다.

최적의 건강 상태를 유지하며 장수할 수 있는 비결은 우선 당신의 건강에 관한 명확하고 구체적인 목표를 세우는 것이다. 그리고 매일 그 계획을 실천에 옮겨야 한다. 건강에 대한 약속을 지키는 데에는 엄청난 인내와 침착성, 자기 통제가 필요하지만 그 대가는 반드시 남다를 것이다.

당신이 백만 달러 이상의 재산을 모으겠다는 금전적인 목표를 세웠다면, 반드시 백만 달러를 손에 쥘 수 있을 때까지 살아서, 당신이 번 돈으로 훌륭한 라이프스타일을 누릴 수 있는 건강한 목표를 세워야 한다.

*　*　*

아무리 훌륭하고 현실적인 계획이라도 건강하지 못한 몸으로는 성공할 수 없다. 건강을 잃으면 성공을 누리지 못할 뿐 아니라, 애초에 성공의 근처에도 갈 수 없게 된다.

성공의 비결은 의외로 쉽게 발견할 수 있다. 하지만 많은 인내심과 날카로운 정신을 요구한다. 당신이 자주 병치레를 한다면, 당신이 세운 계획을 엄격하게 실천할 수 있겠는가? 당신이 늘 피곤에 쌓여 있다면, 고객을 끄는 톡톡 튀는 서비스가 가능하겠는가?

몸이 아프면 무기력해지고 게을러진다. 그리고 몸에 대한 집착 때문에 이기적인 사람이 된다. 더욱이 질병이 오래가면 매사에 회의가 생기고, 모든 사람을 의심하게 된다. 또한 신념이 약해져 수시로 마음이 변하고, 잘못된 결정을 내리기 쉽다.

구형 컴퓨터에 최첨단 그래픽 운영체제가 무슨 소용이 있겠는가? 물론 반대의 경우도 마찬가지이다. 아무리 소프트웨어가 좋아도 하드웨어가 뒷받침되지 않으면 소용이 없는 법이다. 당신이 성공을 위한 목표와 계획을 세웠다면, 우선 당신의 하드웨어부터 점검해 보라.

현대 사회에서의 질병은 흔히 비만에서 시작된다. 우선 당신의 비만지수부터 체크하라. 다음 두 가지의 방법은 당신의 비만지수를 확인하는 데 도움이 될 것이다.

첫째, 체질량지수(Body Mass Index, BMI 지수)는 체중을 저체중, 정상체중, 과다체중, 비만으로 분류한다.

$$BMI = 체중(kg) \div 키(m) \times 2$$

BMI 수치가 18.5 이하면 저체중이고, 15.8~24.9 사이면 정상체중, 25.0~29.9이면 과다체중, 30.0 이상이면 비만이다.

두 번째 방법은 복부 비만을 측정하는 방법이다. 허리÷엉덩이 비율(Waist / Hip Ratio, WHR)이다.

$$WHR = 허리(cm) \div 엉덩이(cm)$$

남성의 경우는 1.0이상, 여성은 0.8이상이면 비만으로 판정 할 수 있다. 비만은 실제로 당뇨병, 심장질환, 심혈관계, 고혈압 등의 질병을 일으키는 원인이 된다.

당신이 비만이라는 결론을 얻었다면 당장 체중 조절을 시작하라. 그렇지만 무엇이든 무리한 것은 좋지 않다. 먼저 의사와 의논

한 후, 구체적인 목표와 계획을 수립하라. 당신이 정말로 당신의 몸을 몸짱으로 만들고 싶다면, 다음의 원칙을 반드시 지켜라.

첫째, 비만클리닉 전문가와 의논하여 자세한 다이어트 목표와 계획을 세워라.

많은 사람들이 다이어트에 실패하는 이유 가운데 하나는 바로 주관적인 목표와 계획 때문이다. 자신의 건강 상태에 맞지 않는 목표와 계획을 무리하게 추진하기 때문에 중도에 포기하게 되고, 혹은 얼마만큼 성공을 거두었더라도 다시 살이 찌고 마는 것이다. 과학적이고 구체적인 계획은 당신의 다이어트를 성공으로 이끄는 지도이다.

둘째, 건강 일기를 써라.

건강 일기는 당신이 세운 다이어트 계획에 따라 기재할 내용을 미리 정해 두는 것이 좋다. 일기는 당신의 계획표가 될 것이며, 목표에 대해 주의를 환기시켜 줄 것이다. 또한 이 기록은 눈에 띄지 않는 변화를 드러내 줌으로써, 자신감과 동기유발의 수단이 되어 줄 것이다.

건강 일기에는 다음과 같은 세 항목을 기재한다. 음식물 섭취에 관한 항목, 운동량에 관한 항목, 체중 변화에 관한 항목이다.

셋째, 자부심을 가져라.

건강은 인스턴트 식으로 얻을 수 없다. 오랜 관리와 노력이 필요한 것이다. 이때 자신에 대한 믿음은 무엇보다 확실한 동기 유발 수단이 된다. 남들이 할 수 있다면, 당신도 못할 이유가 없다.

당신의 자부심이 크면 클수록 목표는 쉽게 달성될 수 있을 것이며, 목표가 달성되면 당신의 자부심은 커질 것이다. 그리고 이러한 상호 작용을 통해 당신은 어느덧 몸짱으로 변화되어 있을 것이다.

명심하라. 몸이 가벼우면 인생은 풍성해진다. 건강은 선천적으로 타고난 체질도 중요하지만, 후천적인 노력이 더욱 중요하다. 건강, 반드시 노력이 필요하다.

자기단련을 위한 훈련지침

당신의 건강과 에너지를 업그레이드시키기 위해 개선해야 할 건강 습관을 한 가지만 파악하라. 그것은 다른 무엇보다 군것질일 것이다. 그런 다음 그것을 개인적으로 도전해야 할 목표라고 생각하고, 새로운 건강 습관이 굳게 뿌리박힐 때까지 스스로 철저하게 훈련시켜라.

SECRET

두드리지 않으면
문은 열리지 않는다

SECRET 19

두드리지 않으면 문은 열리지 않는다

근심의 바다를 향해 팔을 내저어라, 하여 그 바다를 잠재워라.
- 윌리엄 셰익스피어 -

🗝 단호하게 행동을 앞세우는 사람이 되어라

혼자 힘으로 부자가 되기 위한 자질 가운데 하나는 신중하게 생각하면서도 빠른 결정을 내리는 것이다. 자수성가한 부자들은 자신이 내린 결정을 행동으로 옮겨 일관되게 실천하도록 스스로를 단련시키는 사람들이다. 재빨리 움직이고, 최대한 신속하게 자기 행동의 결과로부터 교훈을 얻는다. 잘못했다는 것을 알게 되면, 그 즉시 잘못을 바로 잡고 뭔가 다른 방법으로 다시 시도한다.

당신이 이 세상에서 승리를 쟁취할 수 있는 핵심적인 열쇠는 '해 보는 것'이다. 성공한 사람들은 과단성 | 일을 딱 잘라서 결정하는 성질 | 이 있으며, 다른 사람들보다 훨씬 많은 것을 시도한다. 인생에서 성공하기 위한 여러 가지 방법을 시도해 볼수록 그만큼 올바른 길과 적절한 타이밍을 찾을 수 있는 가능성이 커지게 된다.

실패자들은 대개 우유부단하다. 그들은 자기가 무슨 일을 해야 하는지, 또 무슨 일을 그만두어야 하는지 모른다. 설령 알고 있다고 할지라도 그것을 단호한 결심으로 이끌 수 있는 성격도 아니고, 그럴 의지도 없다.

결과적으로 그들은 삶에 있어 겉돌게 되고, 행복이나 만족, 성공과는 멀어지게 된다. 그들은 절대로 부자가 될 수 없다. 금전 문제에서도 절대로 해방될 수 없다. 그들은 항상 자신들이 성취할 수 있는 것보다 훨씬 낮은 곳에서 만족하기 때문이다.

단호하게 행동을 앞세우는 사람이 됨으로써, 당신의 인생을 보다 높은 단계로 끌어올릴 수 있다. 다른 사람들과 비교했을 때 실제 한 일의 양보다 훨씬 많은 소득을 얻는다. 당신은 주변 사람들보다 훨씬 앞서서 움직인다. 실제로 당신은 에너지와 열정과 동기 부여에 관해 보다 고차원적인 원천에 뿌리를 내리고 있어, 스스로 기쁨과 즐거움으로 가득 차 있다. 이런 긍정적인 에너지는 목표를 향해 보다 빠르게 당신을 이끌어 줄 것이다.

* * *

캐나다의 거부 깁슨은 가난한 집안의 아들로 태어났다. 가난한 집안 살림을 돕기 위해 물레방앗간에서 심부름을 하며 자랐지만, 결국에는 20만 에이커의 땅과 280마일의 철도를 소유한 부자가 되었던 것이다.

어느 날 한 친구가 찾아와 그에게 성공 비결을 물었다. 그러자 그는 이렇게 대답했다.

"첫째는 술을 먹지 않는 것이고, 둘째는 고단함을 마다하지 않고 열심히 일하는 것일세."

그러자 친구가 다시 물었다.

"그거야 누구나 하는 말이 아닌가? 그러지 말고 진짜 비결을 좀 가르쳐 주게."

그러자 깁슨은 이렇게 대답했다.

"아무리 잘 알면 뭐하겠나, 실천하지 않으면, 나이가 다섯이든 예순이든 똑같은 걸."

어느 집단이든 성공하는 사람들이 있으면, 실패하는 사람들이 있기 마련이다. 이 두 집단을 가르는 가장 결정적인 차이는 무엇일까? 그것은 바로 행동력이다.

아무리 많은 생각과 계획을 갖고 있어도 그것을 실천하지 않으면 실패하게 된다. 더욱이 그가 자신의 생각을 행동으로 옮기지 않고 있는 사이에, 다른 사람들이 그와 똑같은 생각을 실천해 버린다. 그러면 그에게는 최소한의 몫도 남지 않게 되는 것이다.

반면 성공하는 사람들은 계획을 세우고, 기회가 생길 때마다 그것을 자신의 몫으로 만드는 적극성을 갖고 있다. 그리고 늘 그 자리에서 즉시 행동으로 옮기는 습관을 갖고 있다. 그럼으로써 그들은 자신에 대한 신뢰와 성공이라는 두 마리의 토끼를 동시에 잡을 수 있게 되는 것이다.

오늘날 우리가 사는 세상은 첨단 기술에 의해 움직이고 있지만, 아직도 수많은 기업들이 지식의 수준이나 창의성보다는 적극성을 우선하여 사원을 채용하고 있는 이유가 무엇이겠는가?

행동으로 옮기지 않는다면 고차원적인 지식도, 아무리 뛰어난 아이디어도 다섯 살짜리 어린아이의 것과 다를 바 없다는 것이다.

더욱이 실패하는 사람들은 늘 자신을 변명하려 들기 때문에 불평꾼이 되기 십상이다. 또 그들은 다른 사람의 업적을 탓하고 비난하여, 결과적으로 다른 사람들의 일을 방해하고 기업 내에 비효율적인 문화를 확산시킨다.

당신이 고용주라면 이런 사람을 채용하겠는가? 당신이 고객이라면 그런 사람의 상품이나 서비스를 사고 싶겠는가?

성공하는 인생을 살기 위해서는 당신 스스로 고용하고 싶은 사람, 당신 자신이 서비스를 받고 싶어 하는 사람이 되어야 한다. 명심하라. 문은 두드려야 열리고, 아이는 울어야 젖을 준다. 움직여라. 움직여서 스스로에게 자신의 능력을 증명해 보여라.

자기단련을 위한 훈련지침

<u>스스로에게 질문하라.</u> 당장 실천할 행동을 한 가지 고른다면, 내가 하는 일에 가장 긍정적으로 영향을 미칠 수 있는 것은 무엇인가? 이 질문에 대한 대답이 무엇이든 그것을 당장 실행에 옮겨라.

SECRET

실패는 선택이 아니다

SECRET 20

실패는 선택이 아니다

세상에 두려워할 것은 두려움 자체 외에는 아무것도 없다.
- 프랭클린D. 루스벨트 -

🗝 겁내지 말고 앞으로 나아가라

성공을 가로막는 가장 큰 장애물은 실패에 대한 두려움이지 결코 실패 자체가 아니라는 점을 주목하라. 실패는 오히려 당신을 더 강하고 더 탄력적이고 더 단호하게 만든다. 커다란 성공을 눈앞에 둔 생각과 당신의 행동을 위축시켜, 꼭 해야 할 일에서 당신을 우물쭈물하게 만드는 것은 바로 실패에 대한 두려움, 실패에 대한 예상이다.

언젠가 젊은 저널리스트 한 사람이 IBM의 창시자 토머스 J. 와트슨에게 물었다.

"남들보다 빨리, 훨씬 큰 성공을 거둘 수 있는 비결은 무엇입니까?"

와트슨의 대답은 놀랍게도 이런 것이었다.

"남들보다 빨리 성공하고 싶다면, 남들보다 두 배는 빨리 실패해 봐야 합니다. 성공과 실패는 동전의 양면과도 같기 때문이죠."

겁내지 말고 앞으로 나아가라. 자수성가한 부자들은 도박사가 아니다. 그렇지만 그들은 더욱 큰 보상을 위해 자신들의 목표를 성취하는 데 있어 무릅써야 할 계산된 위험을 기꺼이 감수한다. 사실, 위험을 감수하는 문제에 대해 어떤 태도를 갖고 있느냐 하는 것은, 당신이 부자가 될 준비를 얼마나 갖추고 있느냐 하는 문제에 대한 가장 중요한 지표일지도 모른다.

위험한 상황을 눈앞에 두고 있을 때마다 자신에게 이런 질문을 하라. 내가 이 일을 계속 밀어붙인다고 했을 때 일어날 수 있는 최악의 상황은 무엇인가? 그러면 자수성가한 석유왕 폴 게티의 말처럼, 당신은 어떤 상황이 되었든 그런 일은 절대로 일어나지 않을 것이라는 확신을 얻을 수 있을 것이다.

누구나 실패를 두려워한다. 누구나 손해나 가난을 두려워한다. 실패하여 후퇴하게 되는 상황은 누구나 두렵다. 하지만 의도적으로 그리고 전력을 다해 두려움에 맞서서 행동을 취하는 사람들만이 부자로 자수성가할 수 있다.

랠프 월도우 에머슨은 이렇게 말했다.

"평생 동안 당신이 두려워하는 일을 하는 습관을 들여라. 스스로 두려워하는 일을 하다 보면 죽을 각오가 생긴다."

당신이 용감하게 행동하면 보이지 않는 힘이 당신을 도울 것이다. 그리고 용기 있는 행동 하나하나는 앞으로의 인생에서 용기를 낼 수 있는 능력을 키워 준다. 성공에 대한 보장이 없는 상황에서도 앞을 향해 나아가는 행동을 선택한다면, 두려움은 줄어들고 자부심과 용기는 커질 것이다. 그리고 마침내 당신은 아무것도 거칠 게 없는 경지에 이르게 될 것이다.

영화 《아폴로 13호》에서 가장 멋진 대사는 아마도 나사의 원정 통제센터 사령관 유진 크래츠의 말일 것이다. 모든 사람들이 우주선과 승무원들을 잃게 될지도 모른다고 걱정하기 시작할 때, 그는 사람들을 모두 모아 놓고 큰 소리로 이렇게 말했다.

"실패는 선택이 아니오!"

당신의 직업은 당신에게 부자로써 자수성가하는 꿈을 약속한다. 당신의 직업은 당신 자신을 위해 구체적인 목표를 세워 준다. 그것을 글로 적어라. 그리고 매일 그 목표를 위해 일하라.

당신은 맞닥뜨리게 될 모든 문제와 난관에 맞서, 항상 이런 말로 자신을 다잡아야 한다. "실패는 선택이 아니다!" 이것은 무엇보다 당신의 장기적인 성공을 보장해 주는 삶의 태도가 될 것이다.

* * *

한 번 실패했다고 해서 실패자가 되는 것은 아니다.

월트 디즈니는 타임스가 선정한 20세기의 인물 중 한사람으로 선정되었다. 그렇지만 신문 카툰을 그리던 무렵에는 신문 편집인들로부터 재능이 없다는 말을 들으며 이것저곳을 전전했었다. 아버지를 피해서 도망쳐 온 로스앤젤레스의 스튜디오에서 새우잠을 자며 완성했던 첫 상업용 애니메이션《오스왈드 래빗》은 도둑을 맞기도 했었다. 하지만 그는 결코 포기하지 않았고, 결국 1930년대의 대공황 속에서도 디즈니 제국의 상징인 미키와 미니를 창조할 수 있었다.

에디슨은 67세에 화재로 인해 평생 동안의 연구업적을 날렸지만, 그로부터 불과 3주 후에 축음기를 발명했다. 포드는 마흔 살에 파산했지만, 오래지 않아 자동차 왕이 되었다.

《영혼을 위한 닭고기 수프》의 저자 잭 캔필드와 마크 빅터 핸슨은 수많은 출판사들로부터 거절을 당했지만, 결코 포기하지 않앗다. 마침내 그들은 작은 출판사에서 자신들의 책을 펴내기로 했고, 단번에 베스트셀러에 올라 다른 '닭고기 수프 시리즈'와 함께 1,200만 부가 팔리는 경이적인 기록을 만들어냈다.

영국의 소설가 존 크루제는 543권에 달하는 많은 작품을 발표했지만, 첫 작품이 출판되기까지 753통의 편지를 출판사의 쓰레기통에 배달시켜야 했다.

링컨은 청년 시절 일리노이에서 출마했다가 참패를 당했다. 그 뒤로 사업을 시작했다가 불성실한 동업자 때문에 17년간 그 빚을 갚아야 했다. 그는 다시 의원 선거에 출마했지만 낙선했다. 그리고 국유지 관리국의 관리가 되려다가 또 실패했다. 상원의원에도 출마했지만 낙선했고, 1856년에 부통령 후보가 되었지만 역시 당선되지는 못했다. 1858년에는 더글러스에게 참패를 당했다. 그렇지만 마침내 그는 미국은 물론 전 세계가 존경하는 대통령이 되었다.

처칠은 이렇게 말했다.
"무릇 가장 큰 성공은 맨 나중에 온다."
실패를 했다는 것은, 그것이 끝이라는 의미가 아니라 아직 도전할 것이 남아 있다는 뜻이다. 실패는 당신에게 포기를 가르치는 것이 아니라, 진정한 성공의 의미를 가르친다.

러시아 속담에 이런 말이 있다.

"우리는 망치에 깨지지만, 강철은 단련된다."

실패에 단련되지 않는 사람은 큰 성공을 거둘 수 없다. 그래서 유태인 비즈니스맨들은 자신이 실패했을 때의 계약서를 사무실에 걸어두고, 자신을 채찍질하는 회초리로 삼는 사람이 많다고 한다. 미국의 한 조사에 따르면, 부자들 가운데 경매인 출신자들의 평균 연령이 그렇지 않은 사람들보다 6~7세가량 낮았는데, 이것도 실패의 교육적 효과와 결코 무관하지 않다.

당신은 실패를 두려워해야 할 이유가 없다. 직접적으로 부딪쳐 깨지지 않으면, 배우는 것도 없지 않겠는가? 고통을 통해 배운 것은 결코 잊혀지는 법이다.

당신이 정말 두려워해야 할 것은 실패 그 자체가 아니다. 바로 그 실패의 교훈을 잊어버리고 똑같은 실패를 되풀이하는 것이다. 성공만을 기억하는 사람은 또다시 실패한다. 실패는 당신을 긴장시키지만, 성공은 당신을 해이하게 만들기 때문이다.

실패는 선택이 아니다. 당신이 성공에 이르기 위해 반드시 치러야 할 통과의례이다. 마빈 토케이어의 말처럼, 인간은 극한 상황에서야 비로소 가장 아름다운 음색을 내는 바이올린 현과 같다.

명심하라. 설령 지금은 실패한다 할지라도, 더 큰 성공이 당신을 기다리고 있다는 신념을 갖고, 당장 당신의 계획을 실천하라. 실패가 없으면 성공도 없음을 반드시 기억하라.

자기단련을 위한 훈련지침

당신의 인생에서 두려움을 느끼는 한 가지를 골라라. 예를 들어 실패나 비판, 남들의 반대 따위를 말이다. 그리고 그런 두려움을 갖고 있지 않는 것처럼 행동하겠다고 결심하라. 당신이 자신의 꿈과 목표를 향해 움직이기만 하면 성공이 보장된다고 생각하라. 그리고 나서 당장 움직이는 것이다!

SECRET

어떤 것도
끈기를 대신하지 못한다

SECRET 21

어떤 것도 끈기를 대신하지 못한다

아무것도 끈기를 대신하지 못한다.
재능도 대신하지 못한다.
재능 있는 실패자들의 가장 확실한 공통분모가 바로 이것이다.
천재성도 대신하지 못한다.
성과 없는 천재성은 한낱 유희에 지나지 않는다.
교육도 대신하지 못한다.
세상은 온통 교육받은 직무 유기자들로 가득 차 있다.
결단력과 인내의 힘은 글자 그대로 전지전능하다.
— 캘빈 쿨리지 —

☞ 백년을 살 것처럼 일하라

철 같은 재료의 품질을 이르는 말로 '강도強度'라는 말이 있다. 철의 강도라는 것은 철에 얼마나 많은 탄소가 함유되어 있느냐에 따라 결정된다.

사람의 성격에서 인내의 탄소가 철에서 하는 역할과 같다. 인생에서 커다란 성공 하나하나와 손을 잡을 수 있는 더없이 소중한 다리가 바로 끈기인 것이다.

인내력과 성공 사이에 감춰진 거대한 함수 관계가 바로 이것이다. 성공의 오르막길을 향한 순례길에서 부딪히게 될 실망과 함정에 대비하여, 당신의 무의식을 인내력으로 프로그램 해 두어라. 무슨 일이 있어도 절대 포기하지 않겠다고 미리 단단히 결심을 해 두는 것이다.

막상 당신이 사방을 옥죄는 문재와 난관에 봉착했을 때에는 그 실망과 함정을 다스리는 데 필요한 인내력을 기를 시간이 없다. 하지만 불가피하게 만나게 될 인생의 상승과 하강에 대비해 미리 계획을 세워 두고 있으면, 그런 문제가 닥쳐도 심리적으로 두려워할 것이 아무것도 없을 것이다.

당신의 적이나 업무의 실망스러운 결과 앞에서 과감하게 버틸 수 있는 용기는 그 어느 것보다도 확실한 성공의 보증 수표가 될 것이다. 다른 누구보다 오랜 시간을 가벼운 마음으로 참을 수 있는 능력은, 당신의 가장 소중한 자산이 될 수 있다. 사실 인내심은 당신 스스로에 대한, 그리고 당신의 성공 능력에 대한 자신의 신념을 가늠하는 진정한 척도이다.

기억하라. 인생의 모든 것은 시험이다. 남과 다른 인생, 성공한 인생을 개척하려면 반드시 '인내력 시험'을 거쳐야 한다.

인내력 시험은 종종 돌발 퀴즈처럼 나타날 것이다. 언제, 어떤 상황에서든 시작될 수 있고, 전혀 예상치 못한 상황에서도 나타날 수 있다.

당신이 예상하지 못한 난관이나 실망에 봉착하거나 함정에 빠지거나 인생의 실패나 위기를 맞았다면, 그것을 당신의 인내력에 대한 시험이라고 생각하라. 그리고 그것을 자신과 주변의 모든 사람들에게 당신이 어떤 사람인지 보여 줄 수 있는 기회로 삼아라.

그리스의 철학자 에픽테투스는 이런 말을 했다.

"환경이 사람을 만드는 것이 아니다. 환경은 단지 사람이 자신의 본질을 드러내도록 만들 뿐이다."

당신은 살아가면서 불가피하게 위기를 맞게 될 것이다. 당신이 바쁜 인생을 살아간다면, 평균적으로 두세 달에 한번은 그런 위기를 경험하게 될 것이다. 그리고 그 위기들 사이사이에는 반드시 계속해서 많은 난관들이 이어질 것이다.

당신이 이루고자 하는 목표가 많으면 많을수록, 당신의 꿈이 크면 클수록, 그리고 혼자 힘으로 부자가 되겠다는 꿈이 확고하면 할수록, 더 많은 위기와 난제들이 당신을 기다리고 있을 것이다.

여기서 당신이 통제할 수 있는 요소는 단 하나뿐이다. 난관과 함정들에 대해 어떻게 대응할 것인가. 확실한 것은 난관과 함정에 긍정적이고 단호한 태도로 대응할 때마다, 당신은 더욱 강해지고 더욱 유능해진다는 것이다. 게다가 앞으로 다가올 난제와 위기를 다룰 수 있는 능력 또한 더욱 향상될 것이다. 그리고 마침내 당신은 아무것도 걸릴 것이 없는 인생의 경지에 다다르게 될 것이다.

당신은 마치 자연의 힘처럼 된다. 무엇에도 굴복하지 않게 되는 것이다. 마침내 당신은 누구에게도, 어떠한 어려움에도 굴하지 않는 사람이 될 것이다. 당신의 길 앞에 어떠한 장애물이 놓여 있더라도 그것을 위아래로 넘어가거나, 돌아가거나, 정면으로 돌파할 수 있는 길을 찾게 될 것이다. 마치 텔레비전 광고에 나오는 에너자이저 버니처럼 쉬지 않고 앞으로 나아가는 사람이 될 것이다.

* * *

골드러시 시절의 이야기이다. 많은 사람들이 금을 찾아 벼락부자가 되는 것을 보고, 더비라는 한 청년도 언젠가는 금을 찾아 부자가 되겠다고 마음먹었다. 그리고 삼촌을 설득하여 함께 캘리포니아로 떠났다.

몇 주일을 찾아 헤맨 끝에 드디어 금맥을 발견했다. 두 사람은 금맥이 남들의 눈에 띄지 않도록 흙으로 잘 덮어 놓고 고향으로 돌아가, 마을 사람들의 투자를 받아 채굴 장비를 마련하여 다시 그곳으로 돌아왔다.

한동안 그들은 쉴 새 없이 금을 캐냈다. 곧 부자가 될 수 있을 것만 같았다. 그러나 어느 순간부터 금맥이 뚝 끊기고 말았다. 이곳저곳을 아무리 파 보아도 흙덩이 밖에 없었다. 하는 수 없이 두 사람은 고물상에게 장비를 팔아치우고 고향으로 돌아갔다.

한편, 더비에게서 채굴 장비를 샀던 고물상도 그렇게도 왕성하던 금맥이 그렇게 한순간에 끊길 리가 없다고 확신했다.

그래서 이것저것 궁리하다가 지질 전문가를 불러 조사를 시켰는데, 그곳에 단층이 형성되어 있다는 것을 알아냈다. 그는 믿음을 갖고 다시 꾸준히 탐사를 계속했고, 마침내 더비가 포기했던 굴착지점의 90cm 아래서 금맥을 찾아냈다.

맑은 날만 계속되고 비가 내리지 않으면 결국 모든 대지가 사막으로 변하고 말 듯, 당신의 목표도 실패와 고난을 통해 더욱 풍부하고 견고해질 것이다.

당장의 고단함에서 인내를 배워라. 실패와 고난 속에서도 소망을 포기하지 않는 사람만이, 그 실패와 고난을 성공으로 바꾸어 놓을 수 있다. 에디슨은 만 번의 실패를 거듭한 끝에 전구를 발명했다. 위기와 고난을 통해 그 두 배의 성공을 준비하라.

명심하라. 당신의 규칙은 바로 이것이다.

"실패는 해도 좌절은 하지 않는다."

성공은 바로 나에게 달려 있다.

자기단련을 위한 훈련지침

현재 당신의 삶에서 가장 어려운 난관은 무엇인가? 무엇이 되었든, 그것을 미래에 보다 큰 성공을 달성하기 위해, 반드시 배워야 할 소중한 교훈을 가르쳐 주기 위해 당신에게 주어진 시험이라고 생각마라. 어떤 것이 그런 교훈이 될 수 있을까? 높은 곳을 향한 순례를 시작하는 지금 이 순간부터, 모든 함정과 난관으로부터 늘 가장 값진 교훈을 얻어 낼 수 있도록 노력하라. 항상 그런 교훈을 찾을 수 있을 것이며, 그 교훈은 부자로 자수성가하기 위한 당신의 여정에 커다란 도움이 될 것이다.

| 결론 |

성공은 예측할 수 있다.

이 책의 가장 중요한 메시지를 다시 한 번 되짚어 보자.
"성공은 예측할 수 있다"
바로 이것이다.

성공이란 행운이나 우연의 문제가 아니다. 적당한 시간에 적당한 장소에 있다고 해서 얻어지는 것도 아니다. 성공은 태양이 동쪽에서 떠서 서쪽으로 지는 것만큼이나 정확하게 예측이 가능하다.

지금까지 배운 원리들을 꾸준히 실천한다면, 당신은 인생의 맨 선두로 나설 수 있다. 이런 원리나 전략을 아직 모르거나 실천하지 않는 사람들에 비해, 당신은 엄청난 이점을 갖고 있다. 이러한 장점들은 앞으로의 인생과 직장 생활에서, 당신이 항상 승자의 자리에 설 수 있도록 도와줄 것이다.

인내심을 갖고 성공한 사람들이 했던 일을 꾸준히 따라 하라. 그러면 이 세상에서 당신이 혼자 힘으로 큰 성공을 수확하는 것을 막을 것은 아무것도 없을 것이다.

당신의 운명은 당신의 손에 의해 결정된다. 바로 당신 자신이 운명의 주인이라는 뜻이다. 당신이 무엇을 할 수 있고, 얼마만큼의 부를 축적할 수 있는 가를 제약하는 한계는 어디에도 없다. 그런 한계는 오로지 당신 스스로 만들어 낸 것일 뿐이다.

반드시 명심하라. 당신은 앞으로 만나게 될 그 어느 누구보다 탁월하고 훌륭한 사람이다. 당신은 인생에서 가장 멋진 것들을 이룰 수 있는 잠재력을 갖고 있다.

당신이 해야 할 가장 큰 일은 커다란 꿈을 갖는 것이다. 평생을 통해 정말로 이루고 싶은 일이 무엇인지를 확실히 결정하고, 그것을 달성할 수 있도록 계획을 세워라. 이 책에서 배운 원리들을 실천하고, 당신의 꿈과 목표를 향해 하루하루 그것을 행동으로 옮겨라. 그리고 절대로, 절대로 포기하지 않겠다고 결심하라.

이것을 행동으로 옮길 수만 있다면, 당신의 어깨에 날개를 다는 것과 다름이 없다. 당신은 이제 누구도 멈출 수 없는 사람이 되었다. 당신의 성공은 피할 수 없는 현실이 되었다.

| 저자에 대하여 |

혼자 힘으로 부자가 된 브라이언 트레이시

   이 책의 저자 브라이언 트레이시는 전문 강연자이자 트레이너이며 컨설턴트이다. 그는 캘리포니아 주 솔로나 비치에 본부를 둔 세계적인 인재 양성 및 컨설팅 회사의 대표이다. 뿐만 아니라 자수성가한 부자이기도 하다.

   브라이언은 혹독한 시련을 통해 자신의 교훈을 배웠다. 그는 졸업도 하지 못한 채 고등학교를 떠나, 여러 해 동안 노동자로 일했다. 접시도 닦고 벌목공으로 일하기도 했으며, 하수도 청소부와 공장 노동자는 물론, 농장과 목장에서 건초를 수확하는 일도 거쳤다.

   그는 20대 중반에 세일즈맨이 되어 비즈니스 세계에서 정상을 향한 걸음마를 시작했다. 해를 거듭하는 동안 그는 자신이 발견한 방법과 기술, 아이디어 하나하나를 스스로 체득하고 자신의 일에 적용하기 시작했다. 그리하여 마침내 연간 2억 6천 5백만 달러의 매출을 올리는 회사의 최고 관리자가 되었다.

   그는 30대에 앨버타 대학에 입학하여 상학 학사 학위를 받았고, 이어 콜롬비아 퍼시픽 대학에서 경영학 석사 학위를 취득했다. 여러 해 동안 그는 22개 회사와 공장을 거쳤다. 1981년부터는 미국 전역을 돌아다니며, 강연회와 세미나를 통해 자신의 성공학 원리를 가르치기 시작했다.

브라이언이 강조하는 것은 단 한 가지이다. 보통 사람 혹은 그보다 조금 나은 사람들은 아직 뚜껑조차 열리지 않은 막대한 잠재력을 갖고 있다는 것이다. 그의 믿음 또한 단 한 가지로 요약된다. 당신이 당신보다 먼저 성공했던 사람들이 사용했던 핵심적인 전략과 방법, 기술에 따라 실천한다면 남들보다 훨씬 빨리 당신의 목표를 성취할 수 있다는 것이다.

브라이언은 전문적인 강연 활동을 시작한 후로 지금까지 23개국, 2백만 명 이상의 사람들에게 자신의 성공학을 강의했다. 또한 500개 이상의 기업들을 상대로 자문과 인력 훈련 서비스를 제공했다. 그는 이 책에 쓰인 원리 하나하나를 그대로 실천하며 살고 있다. 그럼으로써 자신을 비롯한 수천 명의 사람들을 능력 이하의 성공과 좌절로부터 성공과 번영으로 이끌었다.

그는 자신을 '절충주의적인 독서가'일 뿐이라고 말한다. 스스로를 학문적인 연구자가 아니라 정보를 종합하는 사람이라고 생각하는 것이다. 해마다 그는 많은 신문과 잡지, 책을 읽는 데 수백 시간을 투자하고 있다. 뿐만 아니라, 관심 있는 분야의 오디오 강의를 듣고 세미나에 참석하고 비디오 강좌를 시청하는 데에도 많은 시간을 투자하고 있다. 라디오와 텔레비전, 기타 매체들을 통해 수집한 정보들 또한 그의 지식기반을 한층 더해 주고 있다.

브라이언은 자신과 다른 사람들의 경험을 토대로 한 지식과 정보를 설파하고 있으며, 또한 그런 지식과 정보를 자신의 경험 속으로 소화시키고 있다. 그의 저서는 적어도 10권 이상이 베스트셀러의 반열에 올랐으며, 그 가운데 《최고의 성공, 고급 판매 전략》, 《비즈니스에서 성공하는 100가지의 절대 불변의 법칙》등이 있다. 또한 그는 300종 이상의 오디오 및 비디오 학습 프로그램을 발표했으며, 이 프로그램들은 20개 언어로 번역되어 35개 국 이상에서 교재로 사용되고 있다.

　브라이언은 행복한 결혼 생활을 통해 네 명의 자녀를 얻었으며, 지금은 샌디에이고의 골프 코스에서 거의 살다시피 하고 있다. 매년 100회 이상의 여행과 강연을 하고 있고, 사업상 17개국을 돌아다닌다. 그리고 오늘날 성공학 분야의 세계적인 권위자 중 한사람으로 인정받고 있다.